汉语国际教育系列教材

生机盎然的深圳：投资篇

杨爱姣　编著

中国人民大学出版社
·北京·

图书在版编目（CIP）数据

生机盎然的深圳：投资篇 / 杨爱姣编著. --北京：中国人民大学出版社，2021.8
汉语国际教育系列教材
ISBN 978-7-300-28745-4

Ⅰ. ①生… Ⅱ. ①杨… Ⅲ. ①汉语－对外汉语教学－教材 Ⅳ. ①H195.4

中国版本图书馆CIP数据核字（2020）第211809号

汉语国际教育系列教材
生机盎然的深圳：投资篇
杨爱姣　编著
Shengji Angran de Shenzhen：Touzipian

出版发行	中国人民大学出版社		
社　　址	北京中关村大街31号	**邮政编码**	100080
电　　话	010-62511242（总编室）		010-62511770（质管部）
	010-82501766（邮购部）		010-62514148（门市部）
	010-62515195（发行公司）		010-62515275（盗版举报）
网　　址	http：//www. crup. com. cn		
经　　销	新华书店		
印　　刷	北京瑞禾彩色印刷有限公司		
规　　格	210mm×285mm　16开本	**版　　次**	2021年8月第1版
印　　张	14.25	**印　　次**	2021年8月第1次印刷
字　　数	200 000	**定　　价**	58.00元

谨以此教材向深圳大学建校35周年献礼！

编 委 会

2018年，恰逢中国改革开放四十周年、深圳大学建校三十五周年及国际交流学院成立十周年。

以“特区大学”“窗口大学”“实验大学”闻名于世的深圳大学，在三十多年时间里，为全球六十多个国家超过两万名学生提供了各种类型和层次的汉语教育，为汉语国际教育事业贡献了力量。

语言是一个民族历史和文化的宝贵资源与财富。伴随国家“一带一路”倡议的实施和人类命运共同体的构建，得益于深圳国际化城市地位的稳步提升，深圳大学汉语国际教育品牌越来越亮，“汉语国际教育系列教材”应运而生。

这是一套为外国留学生全面介绍国际花园城市——深圳的系列教材，共分为三册：《舒适时尚的深圳：生活篇》《美丽欢乐的深圳：旅游篇》《生机盎然的深圳：投资篇》。该系列教材内容新颖，简练实用，通俗易懂，非常契合留学生学习汉语的需要。该系列教材以深圳为背景，融汇经济与文化、语言与交际、结构与功能，体现了深圳“世界窗口”和“创新之都”的城市特色，有助于留学生了解深圳，了解中国。

该系列教材的编写科学合理，采用语言教学中功能、结构和情景三结合的编写法，综合了阅读、说话、听力和写作四大语言技能的训练。书中每一课都配编了与课文相关的词语和各种资料，并以二维码的形式提供音频资料，增加了教材的丰富性和趣味性。

该系列教材的出版，谱写了深圳大学汉语国际教育的新篇章，为深圳大学国际化战略贡献了新力量！祝愿此书能成为广大留学生学习汉语、爱上中国的良师益友！

深圳大学副校长、博士生导师　王晖

建构人类命运共同体，是中国的畅想，也是世界人民的夙愿。无论是与“一带一路”沿线国家建立战略伙伴关系，还是推进粤港澳大湾区建设的实施，汉语作为沟通工具必不可少，其国际地位日益凸显。

深圳大学教师集体编撰的汉语国际教育系列教材由《舒适时尚的深圳：生活篇》《美丽欢乐的深圳：旅游篇》《生机盎然的深圳：投资篇》三册构成，其读者群为全球对汉语言文化和中国发展感兴趣的外国友人。这套书的宗旨在于，努力讲好中国故事，增强中国文化国际传播，推动中国文化有效走出去。这套书具有三个特点：

一、选题新颖独特。该系列教材为迄今为止第一套全面介绍深圳的生活、人文、环境，以及经济、科研、创新、建设等方面的汉语教材。该系列教材图文并茂，真实地反映深圳经济特区成立40年来在社会、经济、科技和文化建设诸方面的杰出成就和社会风貌，力图成为深圳百科全书，打造通向世界的名片。

二、编写方法科学。该系列教材是深圳大学在多年汉语国际教学实践的基础上，综合了多门语言学理论和语言教学理论编著而成的，编写科学而合理，施教实用而有效，既结集成套又各自独立。这套教材的编撰、出版和使用将推动深圳大学从事国际汉语（对外汉语）教学教师的科学研究，总结已有的教学经验，进一步提高教学水平。

三、教材的适用性广。该系列教材适用于来华留学的各国学生，包括长、短期语言生和高等教育学历生，也适用于在深圳工作的外企员工及其他外国人。

国家强则语言强，语言强促国家强。开掘汉语资源，服务信息化全球化时代，任重道远。

祝福深圳，祝福中国！

中央民族大学教授、博士生导师　**戴庆厦**

语言教育与塑造人的灵魂、实现人类命运共同体的理想息息相关。习近平总书记在全国高校思政会议上表示，在“培养什么样的人”上，“要明确思政课的目的，基于中国历史和现实特色，塑造一代代具有世界眼光，具有强烈使命感的青年，推动中国特色社会主义事业向前发展”。深圳大学在三十多年的发展进程中，用心打造汉语国际教育事业，先后与海外一百多所高校建立合作机制，成功培养本、硕、博三级共二万多名留学生，不负众望获得“留学生培养优秀单位”的荣誉；在世界大学的排行榜上，以每年前进一百名的速度飞速攀升。2019年寒冬新型冠状肺炎病毒对人类的偷袭，演变成2020年春天一场全球人同仇敌忾的战“疫”。在全球抗击疫情期间，深圳大学以速度传递温度，以研发的各类产品给海内外师生送去温暖与关怀。汉语国际教育系列教材正努力成为深圳标志的文化土特产，努力为这场世界性抗疫斗争增添一份力、释放一份热、传递一份爱。

深圳，从南方渔村、边陲小镇晋级为21世纪的中国先行示范区、粤港澳大湾区的先锋、国际科技标杆城市，凭的是一个“敢”字：敢想、敢干、敢说、敢做、敢闯。汉语国际教育系列教材正是在这种“敢为天下先”的氛围中酝酿而就、应时而生：它以“深圳”这个地名大胆命名语言教材，在“敢想”中凸显教材的本土化特质；将语言教育贯穿于城市发展的历程中，《舒适时尚的深圳：生活篇》《美丽欢乐的深圳：旅游篇》《生机盎然的深圳：投资篇》，在“敢做”中挖掘教材的文化底蕴与历史内涵；以对话的形式实现对留学生生活、旅游、求学、创业方方面面的指引，在“敢说”中实现教材的实用价值；同时这套教材将语言的交际功能、教育功能、文化功能、经济功能尝试性混搭、巧妙融汇，独具匠心地打造一张通向世界舞台的语言名片，这种“敢试”“敢闯”之举将深圳的创新基因阐释得淋漓尽致。

这套教材也是深圳大学精神的一个缩影、一个见证。深圳大学精神不仅包括“脚踏实地、自强不息”的办校理念、“自立、自律、自强”的校训精神，还包括“开放包容、敢为人先”的文化品格。2017年9月，学校决策发布的《深圳大学文化发展纲要》就高屋建瓴地提出打造精神文化工程。在文化与创新的双重驱动下，汉语国际教育系列教材以深圳文化为核心线索，将其地理文化、商业文化与创业文化巧妙融合，通过教科书的方式呈现文化场景，渗透深圳大学“文化为根、创新为魂”的理念。深圳大学以特区为名、应改革而生，其办学建校的初心就是为国家的经济腾飞和改革开放事业广育英才。李清泉校长说：“今天我们站在校园高处看后海，几年前的脚手架丛林，已经蝶变为展现湾区魅力的核心城区。身处举世闻名的粤海街道，每天目击、参与梦想长高的现场，是深大师生的一项特别福利。”30多年来，深圳大学以创新创业为标志的人才培养享誉全国，一大批杰出的校友逐梦大时代，在市场经济的宏伟版图上开疆拓土，他们的勃勃雄心和痴情奋斗，既深刻改变了中国，也极大影响了世界。

愿这套汉语国际教育系列教材能成为与华为、腾讯的科技产品齐名的文化产品，走出中国，走向全球千万户家庭！

深圳市改革开放干部学院副院长　陈家喜

Foreword 前言

随着中国经济的迅猛发展，国际贸易的不断深入，尤其是作为中国经济特区的深圳在世界经济领域的地位不断提升，一套从商务经贸角度介绍深圳的汉语教材已成为全球汉语学习者的迫切需要。本教材针对中级以上汉语水平的留学生，帮助他们从文化经济领域进一步了解深圳。

《生机盎然的深圳：投资篇》在编写设计方面有四大思路：话题围绕地域文化展开，接地气；内容以故事形式展开，具有连贯性；主题设定密切结合深圳发展现状，时效性强；语言规范，语法精准，以求地道。

内容接地气主要体现在：学习者可以通过每一课的课文，从经济、贸易、文化、教育等领域，加深对深圳的了解。在每一课的会话环节，学习者可以接触到与深圳现实生活紧密相关的信息和场景，有效提升对所学知识的实际运用能力。

本教材的故事性是区别于其他普通商务类汉语教材的一大突出特色。普通的商务类汉语教材为了体现其知识性与专业性，往往将课程主题按照类型进行划分，课与课之间缺乏联系。本教材则以设定的几位主人公的故事发展为线索，通过分享他们的心路历程与工作场景，用沉浸式带入的方式，引导学习者去了解深圳。

时效性是评价商务类汉语教材的重要指标。中国的发展日新月异，信息滞后是商务类汉语教材的一个通病。本教材选用的一些主题，比如创业、投资、政府服务、共享经济、留学教育等，不仅与现实生活息息相关，而且为留学生、从商者提供了非常实用和具有较强时效性的信息。

本教材共十五课，课文编写都采用了非常纯正的汉语表达，目的是把最原汁原味的汉语，以及最地道的经贸类商业术语呈现给汉语学习者。在课后练习的设计上，力图深入浅出，紧扣重点词汇和语言点，使学习者通过做练习真正达到学懂会用的目的，进而提升学习积极性。

本系列教材的主编汤志祥教授大到篇章、小到标点，殚精竭虑审核并修改；梁蕴华、陈晓飞、张慧珊参与课文部分的编撰，刘悦参与练习部分的编撰。

深圳大学李清泉书记兼校长、杜宏彪副校长全力支持我校国际学生教育事业的发展。教务部袁磊教授、孙忠梅教授，研究生院明仲教授，国际交流与合作处韩水仙处长、张同欢博士，社会科学部田启波教授，从各方面给予无私的帮助与指导。中国人民大学出版社编辑全程主导策划并提供了专业的建议，在此一并谨致谢忱！定稿之日，编者谨以无韵拙诗记录这一段难忘的岁月：

筚路蓝缕开荔园，脚踏实地写春秋。粤海创客掀巨浪，鹏城传奇颂五洲！

深圳大学教授、博导、国际交流学院副院长　杨爱姣

目录 CONTENTS

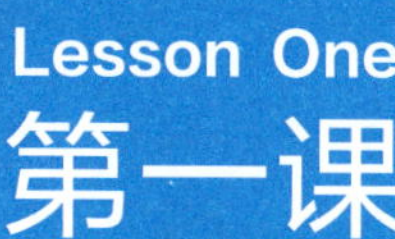

Lesson One 第一课 我终于到家了

要点：

1. 副词：仿佛
2. 副词：终于
3. 兼类词：坚定
4. 条件复句：尽管……还是……
5. 家有梧桐树，何愁凤凰不来呢？

一、生词 New Words and Expressions

字词音频

1	灿烂	cànlàn	形容词 adj.	magnificent；splendid；bright
2	降落	jiàngluò	动词 v.	to descend；to land
3	空姐	kōngjiě	名词 n.	airline stewardess
4	轻柔	qīngróu	形容词 adj.	soft
5	检查	jiǎnchá	动词 v.	to check；to exam
6	安全带	ānquándài	名词 n.	safety belt
7	贴近	tiējìn	动词 v.	to press close to
8	窗户	chuānghu	名词 n.	window
9	俯视	fǔshì	动词 v.	to look down at；to overlook
10	风景画	fēngjǐnghuà	名词 n.	landscape painting
11	触手可及	chùshǒukějí	词组 wg.	to be at arm's length
12	星罗棋布	xīngluóqíbù	成语 sph.	scattered all over like stars in the sky
13	车辆	chēliàng	名词 n.	vehicle；car
14	心底	xīndǐ	名词 n.	heart；innermost being
15	欢呼	huānhū	动词 v.	to hail；to cheer
16	县城	xiànchéng	名词 n.	county town
17	移民	yímín	动词 v.	to migrate；to emigrate
18	信息	xìnxī	名词 n.	information；message
19	工程学	gōngchéngxué	名词 n.	engineering
20	博士	bóshì	名词 n.	doctor
21	诚恳	chéngkěn	形容词 adj.	sincere；earnest
22	邀请	yāoqǐng	动词 v.	to invite
23	加盟	jiāméng	动词 v.	to join in
24	苦苦	kǔkǔ	副词 adv.	hard；strenuously

25	思索	sīsuǒ	动词 v.	to think deeply
26	白领	báilǐng	名词 n.	white collar
27	白手起家	báishǒuqǐjiā	成语 sph.	to start empty-handed
28	祖国	zǔguó	名词 n.	mother country
29	再三	zàisān	副词 adv.	over and over again
30	挽留	wǎnliú	动词 v.	to urge sb. to stay
31	义无反顾	yìwúfǎngù	成语 sph.	to do anything without hesitation
32	海归	hǎiguī	名词 n.	overseas returnees
33	急切	jíqiè	形容词 adj.	eager; impatient; urgent
34	联运	liányùn	名词 n.	combined transport
35	航班	hángbān	名词 n.	scheduled flight
36	日新月异	rìxīnyuèyì	成语 sph.	to change rapidly; to alter from day to day
37	媲美	pìměi	动词 v.	to compare favourably with
38	资本家	zīběnjiā	名词 n.	capitalist
39	知本家	zhīběnjiā	名词 n.	knowledge professionals
40	接轨	jiēguǐ	动词 v.	to connect track; to fit together
41	出谋划策	chūmóuhuàcè	成语 sph.	to put forth schemes
42	乐园	lèyuán	名词 n.	paradise
43	梧桐树	wútóngshù	名词 n.	Wutong tree
44	凤凰	fènghuáng	名词 n.	phoenix

1	宝安国际机场	Bǎoān GuójìJīchǎng	BaoAn International Airport
2	杨语玫	Yáng Yǔméi	Yang Yumei, a person's name
3	加拿大	Jiānádà	Canada
4	芝加哥大学	Zhījiāgē Dàxué	University of Chicago
5	深圳中学	Shēnzhèn Zhōngxué	Shenzhen Middle School
6	楚云舒	Chǔ Yúnshū	Chu Yunshu, a person's name
7	天问国际投资信息咨询公司	Tiānwèn Guójì Tóuzī Xìnxī Zīxún Gōngsī	Tianwen International Investment Information Consulting Co., Ltd.
8	北京	Běijīng	Beijing

二、课文 Text

课文音频

我终于到家了

灿烂的阳光下，一架飞机将降落在宝安国际机场，空姐用轻柔的声音提醒乘客检查自己的安全带。杨语玫把脸贴近窗户，俯视下方，一幅秀美的风景画离她越来越近，仿佛[1]触手可及：蔚蓝的海水，碧绿的丛林，星罗棋布的公路，郁郁葱葱的青山，鳞次栉比的房屋，川流不息的车辆。语玫不禁在心底欢呼："我终于[2]到家了！"

语玫是个"老深圳"，1991年出生在宝安，当时这里已经由一个小县城发展为繁华的市区。2006年她随父母移民到加拿大。2020年3月刚刚在美国芝加哥大学读完信息工程学博士，就收到以前深圳中学的同学——楚云舒的微信。云舒在微信中诚恳邀请她回国，加盟由他创办的"天问国际投资信息咨询公司"。去还是留？好几天，语玫都在苦苦地思索。留在国外，语玫不久就能过上舒适的白领生活；如果回国却要白手起家。反复读着微信上那熟悉的汉字，家乡的风貌，亲朋好友的面容，祖国的巨大变化，一幕幕浮现在眼前，这些终于坚定[3]了语玫的选择。尽管父母、亲戚再三挽留她，语玫还是[4]义无反顾地回深圳做了"海归"。

三、会话 Dialogues

1 在机场出口

会话1音频

楚云舒：见到你太高兴了，语玫，一路上累不累？

杨语玫：回家的心情很急切，所以一点也不觉得累。云舒，谢谢你到机场来接我。

楚云舒：不用客气，咱们是老同学嘛。

杨语玫：这个机场变得更大、更漂亮了。

楚云舒：是啊，现在它成了中国第一个实现海、陆、空联运的现代化国际空港，平均每天有400多个航班起飞。

杨语玫：我们现在怎么走？

楚云舒：先出机场上我的小轿车，然后进关，送你到我公司附近的圣淘沙宾馆。

杨语玫：听说深圳地铁已经开通了好多条线路，交通可真方便。

楚云舒：对。现在已经有十一条地铁线开通了。

会话2音频

2 在小轿车上

杨语玫：深圳的变化真是日新月异啊。

楚云舒：对，以前外国朋友来中国投资，主要关心北京、上海、广州、香港等大城市，可是现在的特区早就可以跟这几个城市媲美了。

杨语玫：你为什么办这个公司？

楚云舒：你在国外听到过这样一个说法吧？现在已经不是“资本家”时代，而是“知本家”时代了。

杨语玫：你的公司和“知本家”有什么关系？

楚云舒：中国市场与世界市场的接轨首先就是从深圳开始的。我们为中外各种企业出谋划策，靠的就是知识资本。

杨语玫：这里山青、水绿、天蓝、城美，真是投资者的乐园。

楚云舒：家有梧桐树，何愁凤凰不来呢[5]？

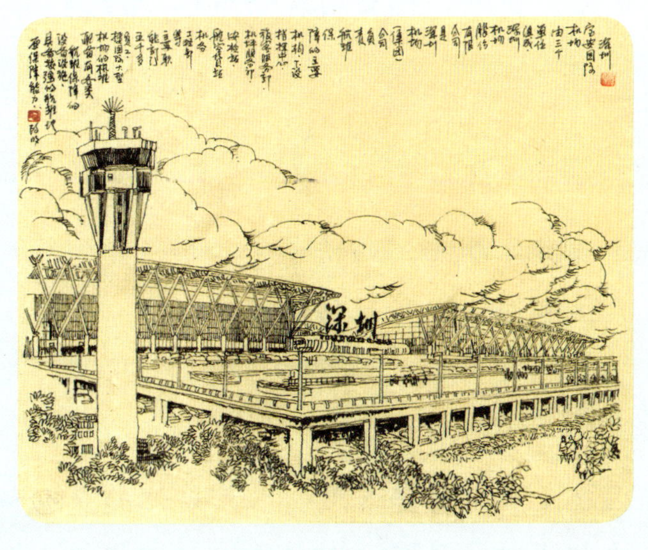

四、要点注释 Notes to the Text

1 副词：仿佛

“仿佛”作副词时，是“好像”“似乎”的意思，句末可加“似的”“一样”，多用于书面语。

（1）“仿佛”+动词：

（a）我叫了小王一声，他**仿佛**没听见似的，继续往前走。

（b）读着这些有趣的故事，金阳**仿佛**被带到了一个人间仙境。

（c）听到妈妈从电话里传来的声音，宝宝**仿佛**看到了妈妈似的叫起来。

（2）“仿佛”+形容词：

（a）看他的样子，他**仿佛**十分高兴。

（b）他们俩**仿佛**很熟悉似的。

（c）他无精打采地走着，感觉前途**仿佛**很渺茫似的。

（3）“仿佛”+“是”+名词：

（a）小树晃来晃去，**仿佛**是个人影儿。

（b）树叶在水里飘来飘去，**仿佛**是条小船。

（c）飞机在天上轻快地飞行，**仿佛**是只小鸟。

（4）“仿佛”用在主语前：

（a）老张进门就点头，**仿佛**这里的人都是他的熟人似的。

（b）父亲倒在床上就睡着了，**仿佛**今天他忙了很久似的。

（c）母亲笑着走进门，**仿佛**今天什么事也没发生一样。

2 副词：终于

“终于”表示经过较长过程最后出现某种结果，多用于希望达到的结果，少数用于不希望的结果。

（1）“终于”+动词。“终于”后面至少要有两个音节。

（a）我等了很久，她终于来了。
（b）经过多次实验，我们终于成功了。
（c）努力了很久，小明终于考上了大学。

（2）“终于”+形容词。形容词只能是表示状态变化的形容词词组。

（a）天终于亮了。
（b）天色终于暗下来了。
（c）走了三四十里路，小刘终于累了。

3 兼类词：坚定

汉语里有一类词，具有两种或两种以上的词性。有一类词，既可以作形容词，又可以作动词，如“丰富”“清洁”“完善”等。有一类词既可以作连词，又可以作介词，如“与”。我们这里主要讲既可以作形容词，又可以作动词的兼类词。例如：

（1）单音节形容词。

（a）树叶很红。（形容词）
（b）她红了脸。（动词）
（c）电灯好亮。（形容词）
（d）屋里亮着灯。（动词）

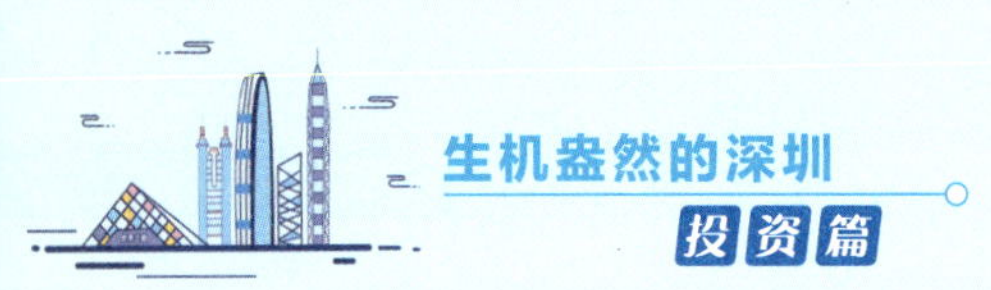

（2）双音节形容词。

（a）老师的知识很丰富。（形容词）
（b）电视丰富了我的生活。（动词）
（c）她到深圳去的想法很坚定。（形容词）
（d）妈妈的劝说坚定了我的决心。（动词）
（e）城市的道路很清洁。（形容词）
（f）清洁城市靠大家。（动词）

4 条件复句：尽管……还是……

前面分句先说一句，后面分句不是顺着前面分句的意思而是转到同前面分句相对、相反或部分相反的意思上去，相当于“虽然……还是……”。“尽管”一般放在句子前面。例如：

（1）尽管受了伤，他还是装作没事的样子。
（2）尽管门票很贵，我还是要到“世界之窗”去玩。
（3）尽管天气很冷，我还是要上班。

5 家有梧桐树，何愁凤凰不来呢？

这是中国的一句俗语，意思是只要有良好的环境和条件，就不用担心人才或投资者不来。

五、练习 Exercises

1 选词填空

（坚定、坚强　　上空、上面　　检查、检测）

（1）天黑了，点点星光在田野的________闪耀着。

（2）安全员仔细地________了地铁车厢的情况。

（3）了解了白求恩的事迹以后，他想成为一个医生的选择更加________。

（4）经过一系列______，工程师们认为这座大桥可以投入使用。

（5）尽管周围的环境非常恶劣，但这些小动物们还是________地活下来了。

（6）桌子________放着两瓶矿泉水。

2 造句

（1）是……还是……

____

（2）尽管……还是……

____

3 用指定的词语完成句子

（1）深圳要求汽车上________________。（安全带）

（2）有许多企业家________________。（白手起家）

（3）经过________________，她答应与他共进晚餐。（邀请）

（4）现在可以通过网络查询________________。（航班）

（5）学好外语才能________________。（接轨）

（6）深南大道上________________________。（车辆）

（7）在机场附近可以看到________________________。（降落）

（8）他________________________打动了我。（诚恳）

4 成段表达

你完成学业以后，打算回国还是留在中国发展？谈谈你的想法，尽量用上以下词语。

（思索、移民、心底、邀请、博士、白领、祖国、确定、海归、日新月异、接轨、出谋划策）

____

____

____

5 根据课文内容选择填空，完成概要重述

杨语玫乘坐飞机回国，从飞机的窗户里看到了深圳的美景，（1）在心底欢呼："我终于到家了！"

1991年，杨语玫出生在宝安。2006年她移民到加拿大，2020年在美国完成了（2），同时也收到了以前深圳中学的同学楚云舒的（3），邀请她回国来加盟自己的公司。是留在国外过上白领的生活，还是回国（4）？杨语玫经过几个月的（5），最终决定回国发展，做一个（6）。

（1）（　　）A. 忍不住

B. 大声地

C. 快乐地

D. 马上

（2）（　　）A. 学业
B. 实习
C. 股票投资
D. 项目

（3）（　　）A. 建议
B. 命令
C. 来电
D. 微信

（4）（　　）A. 过上蓝领的生活
B. 过上舒适的生活
C. 工作
D. 重新发展

（5）（　　）A. 思想
B. 想法
C. 思念
D. 考虑

（6）（　　）A. 海归人才
B. 留学生
C. 白领
D. 游客

6 根据文章内容选择正确答案

（1）那幅“秀美的风景画”指的是什么？（　　）

A. 窗户上贴着的风景画　　B. 深圳的发展情况

C. 杨语玫的家　　D. 深圳的风景

（2）为什么看到了深圳，杨语玫说“我终于到家了”？（　　）

A. 她认为她的家就是深圳　　B. 她的家在宝安国际机场

C. 她认错了地方　　D. 她的家在深圳

（3）文中“白手起家”的意思是什么？（　　）

A. 重新建房子　　B. 重新开创事业

C. 做白领　　D. 家中贫困

（4）以下哪一个选项的说法是正确的？（　　）

A. 杨语玫在1986年成为中国人　　B. 杨语玫想做白领

C. 杨语玫回国管理楚云舒的公司　　D. 杨语玫是一个“海归”

（5）以下哪一个选项是杨语玫选择回中国时没有考虑的因素？（　　）

A. 家乡的风景　　B. 亲戚和朋友

C. 非常高的工资　　D. 祖国的巨大变化

六、阅读 Reading

从边陲小县到大都市

改革开放前的深圳还只是一个鲜为人知（xiǎnwéirénzhī, rarely known by people）的边陲（biānchuí, frontier）小县（宝安县），当地人可谓穷得叮当响（qióng de dīngdāng xiǎng, poverty-stricken or penniless, so to speak）。譬如，沙井镇有这样的民谣（mínyáo, ballad）：“沙井只有三件宝：苍蝇、蚊子、沙井蚝（shājǐngháo, oyster fish in Shajing），十室九空人离去，村里只剩老和小。”这首民谣，是对改革开放前的深圳的真实写照（xiězhào, portrayal）。当时，深圳没有大学，没有自己的报纸、广播和电视，仅有的文化设施是一个新华书店和一家二十世纪五十年代建的剧院。

今天的深圳，拥有一千多万常住人口，综合经济实力进入中国城市（不含港澳台地区）的前3名，人均GDP和人均可支配收入居首位，已经成为一个经济繁荣、法制（fǎzhì，rule of law）健全、环境优美、生态优良、文明和谐的现代化大城市。市内高楼林立，气势宏伟；快速路、立交桥、轨道交通构成了四通八达的立体交通网络；大型购物中心鳞次栉比（líncìzhìbǐ，row upon row of houses），市民生活便利丰富。深圳城市绿化覆盖率（fùgàilǜ，rate of coverage）已达44%，成为花园式现代化城市。深圳四十多年来的巨变，创造了"东方奇迹""世界奇迹"，外国朋友称赞深圳是中华人民共和国胸前一枚耀眼的"勋章（xūnzhāng，medal）"。深圳的崛起，是改革开放以来中国实现历史性变革和取得伟大成就的精彩缩影（suōyǐng，miniature）与生动反映，从一个侧面折射（zhéshè，to reflect）出中国在新时期紧跟世界文明进步潮流、大步发展的进程（jìnchéng，process）。

（1）改革开放之前，深圳仅有的文化设施是什么？

______

（2）现在深圳有多少常住人口？

______

（3）文中提到了深圳哪些数据居于全国首位？

______

（4）深圳城市绿化覆盖率有多高？

______

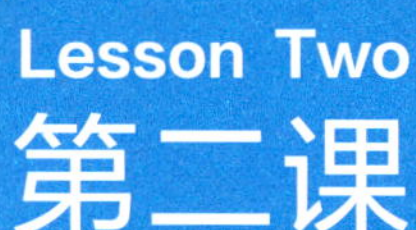

Lesson Two 第二课 再次感受深圳

要点：
1. 方位名词：之间
2. 同位结构
3. “大”＋时间名词或天气名词
4. 有朋自远方来，不亦乐乎？
5. “很”＋名词
6. 话题
7. 副词：一律

一、生词 New Words and Expressions

字词音频

1	地带	dìdài	名词 n.	district；region；zone
2	硅谷	guīgǔ	名词 n.	silicon valley
3	聚集	jùjí	动词 v.	to gather；to assemble
4	科技界	kējìjiè	名词 n.	scientific and technological circles
5	精英	jīngyīng	名词 n.	person of outstanding ability；elite
6	明星	míngxīng	名词 n.	star
7	总	zǒng	区别词 dis.	general；main
8	经理	jīnglǐ	名词 n.	manager；director
9	合作	hézuò	动词 v.	to cooperate；to collaborate
10	伙伴	huǒbàn	名词 n.	partner
11	副	fù	区别词 dis.	second in office；deputy；vice
12	负责	fùzé	动词 v.	be responsible for
13	财务	cáiwù	名词 n.	finance
14	管理	guǎnlǐ	名词 n.	management
15	人事	rénshì	名词 n.	human affairs
16	默契	mòqì	名词 n./形容词 adj.	tacit agreement；tacit understanding
17	兜风	dōufēng	动词 v.	to go for a drive
18	聚会	jùhuì	动词 v.	to get together；to meet
19	兴致勃勃	xìngzhìbóbó	形容词 adj.	be in the best of spirits
20	令	lìng	动词 v.	to let
21	目不暇接	mùbùxiájiē	成语 sph.	the eye cannot take it all in
22	咨询	zīxún	名词 n.	consultancy
23	项目	xiàngmù	名词 n.	item；article
24	干杯	gānbēi	动词 v.	to drink a toast；to cheers
25	酷爱	kù'ài	动词 v.	ardently love

26	特地	tèdì	副词 adv.	for a special purpose; specially
27	中文系	zhōngwénxì	名词 n.	department of Chinese language and literature
28	适应	shìyìng	动词 v.	to suit; to adapt; to fit
29	物业	wùyè	名词 n.	estate
30	完善	wánshàn	动词 v./形容词 adj.	to improve and perfect; perfect
31	子女	zǐnǚ	名词 n.	sons and daughters
32	就学	jiùxué	动词 v	to attend school; to be at school
33	入托	rùtuō	动词 v.	to start going to a nursery
34	幼儿园	yòu'éryuán	名词 n.	kindergarten
35	补习	bǔxí	动词 v.	to take lessons after school or work; coaching
36	乐此不疲	lècǐbùpí	成语 sph.	to do sth joyfully
37	缺乏	quēfá	动词 v.	to be short of; to lack
38	经验	jīngyàn	名词 n.	experience
39	关照	guānzhào	动词 v.	to look after; to keep an eye on
40	客户	kèhù	名词 n.	customer; client
41	交往	jiāowǎng	动词 v.	to contact; to associate with
42	场合	chǎnghé	名词 n.	occasion; situation
43	收获	shōuhuò	名词 n.	results; gains
44	一言为定	yīyánwéidìng	成语 sph.	that's settled then
45	大师	dàshī	名词 n.	great master

1	深圳科技园	Shēnzhèn Kējìyuán	Shenzhen Science and Technology Park
2	莲花山公园	Liánhuāshān Gōngyuán	Lianhua Mountain Public Garden
3	梧桐山	Wútóng Shān	Wutong Mountain
4	珍稀植物园	Zhēnxī Zhíwùyuán	Rare Botanical Garden
5	香格里拉酒店	Xiānggélǐlā Jiǔdiàn	Xianggelila Hotel
6	茂业百货	Màoyè Bǎihuò	Maoye Department
7	北京大学	Běijīng Dàxué	Beijing University
8	南景苑	Nánjǐngyuàn	Nanjingyuan, a garden's name

二、课文 Text

课文音频

再次感受深圳

在深圳大学与华侨城之间[1]，有一片高楼林立的地带，这就是闻名遐迩的深圳科技园，人们称它为“深圳的硅谷”。这里聚集着中国科技界大批精英，其中一部分人是从海外留学归来的科技明星。楚云舒的公司就设在科技园，他是公司的总经理，有两个合作伙伴：副总经理戴维[2]，美国人，负责财务管理；副总经理王峻，深圳人，负责人事管理。公司员工有二十名，来自世界各地。人不多，大家却合作得很默契。

第二天大清早[3]，云舒告诉语玫今天的计划：感受深圳。上午到深圳主要的风景点兜风，中午吃海鲜，下午逛商场，晚上和公司的朋友们聚会。云舒开车带着杨语玫，从圣淘沙宾馆出发，沿着深南大道行驶，一边开车一边兴致勃勃地向她介绍“世界之窗”“欢乐谷”“锦绣中华”“何香凝美术馆”“莲花山公园”“梧桐山”“珍稀植物园”等景点。一路上的景象令语玫目不暇接、赞叹不已。中午，他们在福田区的“香格里拉酒店”用完午餐，就回到圣淘沙酒店，语玫稍事休息。之后，他们来到了华强北路商业圈。王峻陪语玫逛了“俪人世界”和“茂业百货”两个大商场，语玫仿佛回到了小时候和妈妈一起在华强北路淘漂亮衣服、吃美食的美好时光。

三、会话 Dialogues

会话1音频

1 在晚宴上

楚云舒：这位是公司的副总经理戴维。这位是副总经理王峻。这位是杨语玫小姐，未来的对外咨询项目经理。祝你们合作愉快。干杯！

戴　维：你好，杨小姐，见到你真高兴！有朋自远方来，不亦乐乎？[4]

杨语玫：你好，戴维先生。你的汉语说得很地道、很中国。[5]

戴　维：谢谢。我从小就酷爱中国文化，十年前还特地到北京大学和深圳大学的中文系做那里的留学生。

杨语玫：深圳的生活，你适应得怎么样？[6]

戴　维：非常好。我喜欢这个城市，这里的阳光、空气、水、沙滩都是那样美。这里的人友善而勤奋，综合素质很高。

杨语玫：你住哪里？那儿生活方便吗？

戴　维：我住"南景苑"小区，在深圳大学附近。楼下就有超市、银行，对面是天虹商场，商场后面是南山文体中心，与南山博物馆、南山图书馆相邻，生活很方便，物业管理也很完善，我太太和孩子都喜欢这儿。

杨语玫：他们刚刚来中国的时候，会不会向你诉苦？

戴　维：深圳创办了好几所专供外国人子女就学、入托的幼儿园和国际学校，比如深圳外国语学校国际部、蛇口国际学校，孩子们很快就喜欢上了新环境。我太太在帮一个中国学生补习外语，她乐此不疲。

会话2音频

2 在舞会上

王　峻：欢迎你，语玫。你回来，大家都很高兴。请你跳一曲，好吗？

杨语玫：谢谢。我刚回国，缺乏经验，请多关照。

王　峻：你太客气了。我们来个完美组合，你教我学英语，我教你如何与客户交往，怎么样？

杨语玫：太好了。想学好英语，只要跟我在一起时，一律[7]用英语说话，这样才会有进步。

王　峻：当然可以。要想很好地跟客户交往，任何场合一律面带微笑，说话柔声细语，日积月累，终会有收获。

杨语玫：好的。一言为定！

楚云舒：明天有国际著名的投资大师乔治·罗杰斯的讲座，我们一起去听听吧。

杨语玫：好的。明天见！

四、要点注释 Notes to the Text

1 方位名词：之间

（1）指处所。

（a）苏州在上海和南京之间。
（b）两栋楼房之间有一道矮墙。
（c）这个城市和那个城市之间隔着一条河。

（2）指时间。

（a）春夏之间，农民忙着收割庄稼。
（b）元旦和春节之间，我打算去桂林一趟。
（c）我和她约好两点和两点半之间在学校见面。

（3）指范围。

（a）中国和法国之间有深厚的友谊。
（b）两者之间有一定的内在联系。
（c）老板和员工之间不可能没有矛盾。

（4）指数量。

（a）价格在五元和六元之间。
（b）到会的人在二百五十人到三百人之间。
（c）水箱里的鱼在八条到十条之间。

2 同位结构

同位结构是指某一语言成分和另一语言成分在句中处于同一语法位置，指的是同一事物或人。例如：“我们学生”“他们老师”“王扬总经理”。

（1）普通名词+专有名词：

老师王杨、演员张晓、司机王华、售货员孙燕、首都北京、省会武汉

（2）人名+普通名词：

小张司机、王方老师、赵华总经理、金明哥哥、张良小弟

（3）人称代词+普通名词：

我们深圳人、他们外国人

（4）普通名词+人称代词：

老师我、演员他、学生你们

（5）外号/特征+人名：

“急性子”王军、“一枝花”张英、“大个子”姚明

3 “大”+时间名词或天气名词

“大”+时间名词或天气名词，例如：“大清早”“大热天”“大冬天”“大冷天”，多表示比较特殊的时间或天气。

（1）大清早，我就起床跑步了。

（2）大热天的，小丽还要逛街。

（3）他大冷天还穿着很薄的衣服。

（4）广东绝大多数城市大冬天也不会下雪。

4 有朋自远方来，不亦乐乎？

这句话出自《论语》，意思是：“有好朋友从远方来，难道不是一件很高兴的事吗？”

5 “很”+名词

汉语中的每个词都有固定的词性，如果甲类词在句子临时活用作乙类词，具有乙类词的词性和语法功能，我们就称为词类的活用。以下的例子中，“‘很’+名词”的结构中，名词就活用作形容词。

（1）他的脸长得很中国。（意思是“具有中国人的典型特征”）

（2）他在舞会上显得很绅士。（意思是“像绅士一样有修养”）

（3）这是一幢很现代的楼房。（意思是“很时髦”）

6 话题

话题，是指一句话里作为新情况的述说对象的事物和事件，也叫主题。这是语用学的一个概念，跟语法系统中的主语并不等同。其重要特点是：第一，占据一句话的口头部位；第二，一般重读，用强调的语气。例如：

（1）昨天晚上，他进过这间屋子。
（2）那个穿红衣服的人，你别理他。
（3）这儿的风景，小李用照相机拍了一上午。

7 副词：一律

“一律”表示概括全部，没有例外。“一律”后至少要有两个音节。

（1）“一律”＋动词：

（a）发下去的文件会后一律收回来。
（b）中文系的同学一律穿红色运动服。

（2）“一律”＋“是”＋名词：

（a）到会的人一律是中国人。
（b）吃辣菜的一律是四川人。

（3）“一律”＋形容词：

国家不分大小，应该一律平等。

五、练习 Exercises

1 选词填空

（聚集、收集　　特地、特别　　酷爱、喜爱）

（1）小红觉得这样的玩具很________________。

（2）爱丽丝非常________________中国的书法。

（3）员工________________在经理的办公室外。

（4）约翰喜欢________________不同年代的邮票。

（5）小明____________音乐，每天都花大量的时间来练习弹钢琴。

（6）我________________买了一盒巧克力给我女友做生日礼物。

2 造句

（1）很

____

（2）一律

____

3 用指定的词语完成句子

（1）现代社会要求我们______________________________。（合作）

（2）________________________，是不允许一般人靠近的。（地带）

（3）我们不仅要学习知识，更重要的是_______________。（相处）

（4）自从他买了车以后，_____________________________。（兜风）

（5）小明把球丢了给小刚，___________________________。（默契）

（6）这些问题太专业了，应该___________________________。（咨询）

（7）许多孩子一开始上幼儿园时会哭闹，______________。（适应）

（8）尽管课堂知识很重要，但是_________________________。（经验）

4 成段表达

深圳现在有许多实力强大的企业，如腾讯、华为、比亚迪等。这些公司的发展应该具备什么条件？谈谈你的看法，尽量用上以下词语。

（聚集、科技界、合作、管理、相处、咨询、项目、适应、客户、完善、乐此不疲、经验）

____

____

____

5 根据课文内容选择填空，完成概要重述

楚云舒的公司位于深圳科技园，科技园被誉为“深圳的（1）”，里面聚集了中国科技界的许多（2）。楚云舒是公司的总经理，有两位（3）——副总经理戴维和王峻。此外，公司里还有来自世界各地的二十名员工。

第二天早上，楚云舒带杨语玫到深圳各大景点（4）。他们经过了“世界之窗”“锦绣中华”……一路上的美景让杨语玫（5）。中午他们在“香格里拉酒店”吃完午餐后，便回到了圣淘沙酒店休息。下午去华强北路商业圈，晚上与公司的朋友们（6）。

（1）（　　）A. 纽约　B. 硅谷　C. 首都　D. 北京

（2）（　　）A. 员工　B. 人员　C. 精英　D. 经理

（3）（　　）A. 老朋友　B. 老同学　C. 合伙人　D. 老同事

（4）（　　）A. 游览　B. 散步　C. 观察　D. 闲逛

（5）（　　）A. 非常喜欢
B. 非常高
C. 不断欣赏
D. 赞不绝口

（6）（　　）A. 一起吃饭聊天
B. 讨论项目
C. 思念
D. 相互认识

6 根据文章内容选择正确答案

（1）为什么深圳科技园被称为“深圳的硅谷”？（　　）
A. 因为这里位于高楼林立的地带
B. 因为这里靠近深圳大学
C. 因为这里有许多科技界的人才
D. 因为这里外国的员工很多

（2）“感受深圳”是指感受深圳的什么？（　　）
A. 感受深圳的风景
B. 感受深圳的经济情况
C. 感受深圳的城市建设
D. 感受深圳人的热情

（3）文中“默契”的意思是什么？（　　）
A. 不说话就能配合得很好
B. 私下签订了某些协议
C. 相互不说话或话很少
D. 相互之间的关系很好

（4）以下哪一个说法是正确的？（　　）
A. 楚云舒的公司里都是中国人
B. 杨语玫是楚云舒的员工
C. 戴维是总经理
D. 王峻是美国人

（5）以下哪一个景点是楚云舒和杨语玫没有经过的？（　　）

A. 莲花山公园

B. 锦绣中华

C. 世界之窗

D. 野生动物园

六、阅读 Reading

美丽的深南大道

深南大道被称为深圳的一张名片，是这座城市的坐标轴（zuòbiāozhóu，coordinate axis），就像长安街之于北京、东方明珠之于上海。每当太阳升起，深南大道两侧姹紫嫣红（chàzǐyānhóng，brilliant purples and reds）的各种鲜花在阳光照映下绚丽得让人心醉（ràng rén xīnzuì，let a person enchanted）；当夜幕低垂（dīchuí，to droop），数不清的霓虹灯交织繁复（jiāozhī fánfù，mixed heavy and complicated），处处五光十色、璀璨辉煌。有谁能想到，四十多年前，这儿还是一条尘土扑面（pūmiàn，to blow directly in one's face）的小路呢？

1979年深圳建市后，为了不让飞扬的尘埃把刚跨过罗湖桥的港商“呛回去”（qiàng huíqù，to choking back），市政府决定对深圳通往广州的107国道进行改造，由此诞生了“深南路”，也成就了深圳特区的“奠基礼”（diànjīlǐ，foundation ceremony）。

1985年，深南大道第一次扩建（kuòjiàn，to expansion；to extent）工程完工；1987年春节前，深圳市把铁路用高架桥托起，深南大道长度扩展到6.8公里，被当时的深圳人自豪地称作“十里长街”；1992年后，由上海宾馆到南头古城的部分开建（kāijiàn，to start to build），直到1994年，全长25.6公里的深南大道全线贯通（guàntōng，to run through），沿线与48条南北方向的市政道路交汇（jiāohuì，to flow together）。全线贯通后，深南大道并没有停下扩展和改造的脚步，三十多年来，它一直为变得更美丽、更环保、更安全、更畅通而努力着。深南大道是深圳的一处特色景观，它不仅仅是东西向的交通要道，更是这个城市展现魅力（mèilì，charm）与活力的重要窗口。

（1）深圳市政府为什么要修建深南大道？

（2）深南大道的前身是什么路？

（3）深南大道在全线贯通之前经历了多少个重要节点？

（4）深南大道全线贯通后与多少条市政道路交汇？

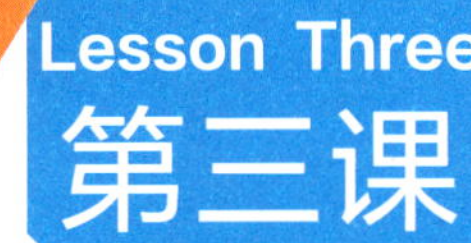

Lesson Three 第三课 中国的投资机会太多了

要点：

1. 定语后置
2. 副词：宁愿
3. 单用：一边
4. 类词缀：超
5. 连词：要不
6. 百闻不如一见
7. 动词：加以

一、生词 New Words and Expressions

字词音频

1	聆听	língtīng	动词 v.	to listen (respectfully)
2	演讲	yǎnjiǎng	动词 v.	to make a speech
3	周游	zhōuyóu	动词 v.	to travel round
4	论证	lùnzhèng	动词 v.	to expound and prove
5	缜密	zhěnmì	形容词 adj.	careful; meticulous
6	自信	zìxìn	形容词 adj.	self-confident
7	潜力	qiánlì	名词 n.	latent capacity; potential
8	股市	gǔshì	名词 n.	stock market
9	增长点	zēngzhǎngdiǎn	名词 n.	growth points
10	季度	jìdù	名词 n.	quarter (of a year)
11	盈利	yínglì	名词 n.	profit; gain
12	宏观	hóngguān	形容词 adj.	macroscopic
13	因素	yīnsù	名词 n.	factor; element
14	命运	mìngyùn	名词 n.	destiny; fate
15	能源	néngyuán	名词 n.	energy resource
16	看好	kànhǎo	动词 v.	to look to further increase
17	预计	yùjì	动词 v.	to estimate; to calculate in advance
18	提升	tíshēng	动词 v.	to promote; to advance
19	定位	dìngwèi	动词 v./ 名词 n.	to orientate; fixed position
20	美容	měiróng	名词 n.	cosmetology
21	由衷	yóuzhōng	形容词 adj.	from the bottom of one's heart
22	赢得	yíngdé	动词 v.	to gain; to win
23	掌声	zhǎngshēng	名词 n.	clapping; applause
24	不顾	bùgù	动词 v.	in spite of

25	拥挤	yōngjǐ	形容词 adj.	crowded
26	想方设法	xiǎngfāngshèfǎ	成语 sph.	to try various devices to
27	热切	rèqiè	形容词 adj.	fervent; warm and cordial
28	签名	qiānmíng	动词 v.	to sign one's name
29	握手	wòshǒu	动词 v.	to shake hands
30	基金	jījīn	名词 n.	fund
31	量子	liàngzǐ	名词 n.	quantum
32	大名鼎鼎	dàmíngdǐngdǐng	成语 sph.	to be very famous
33	搭档	dādàng	名词 n.	partner
34	耀眼	yàoyǎn	形容词 adj.	dazzling
35	收益	shōuyì	名词 n.	income; profit
36	稳操胜券	wěncāoshèngquàn	成语 sph.	to have full assurance of success
37	大气候	dàqìhòu	名词 n.	circumstances from the outside
38	的确	díquè	副词 adv.	really; indeed
39	报告	bàogào	名词 n.	report
40	个体	gètǐ	名词 n.	individuality; personality
41	工商户	gōngshānghù	名词 n.	industrial and commercial units
42	落户	luòhù	动词 v.	to settle down
43	预约	yùyuē	动词 v.	to make an appointment

1	招银大厦	Zhāoyín Dàshà	ZhaoYin Building
2	博时基金公司	Bóshí Jījīn Gōngsī	Bosera Asset Management Co., Ltd.
3	索罗斯	Suǒluósī	George Soros, a person's name
4	华尔街	Huá'ěr Jiē	Wall Street
5	双子星	Shuāngzǐxīng	Binary Star, Twin Towers
6	吉尼斯	Jínísī	Guinness World Records

二、课文 Text

课文音频

中国的投资机会太多了

第二天上午，楚云舒、王峻、杨语玫和公司的几位客户来到深南大道招银大厦的博时基金公司，聆听了国际投资大师罗杰斯的精彩演讲。罗杰斯说，他周游了全球116个国家和地区，通过实例论证和缜密分析，他很自信地判断，中国将成为21世纪最重要的国家，发展潜力最大，投资机会最多。在未来的5到10年里，中国股市将有巨大的投资机会出现。当然，投资首先要找好增长点，并且根据国情的不同进行不同的选择。最重要的不是一个企业在季度里将盈利多少，而是社会、经济、政治和军事等宏观因素对某一产业的命运产生什么样的影响，行业景气状况将如何变化。

罗杰斯还说，经济的快速增长必然会加大对能源等资源类产品的消耗，资源类的行业自然被外来投资者一致看好。他预计，未来女性的价值将会大大提升，而将服务对象定位在女性的一些行业，也将成为那个时候的热门行业，如时装、美容、健身等。最后，他再次由衷地感叹中国的发展潜力太大了，投资机会太多了。

罗杰斯的演讲赢得了雷鸣般的掌声，长久而热烈[1]。会后，很多观众宁愿[2]不顾拥挤，也要想方设法靠近他，热切地请求他签名留念。罗杰斯热情地与他们一一握手，一边[3]快速地签名。

会后，楚云舒带着随行人员回到了公司。

三、会话 Dialogues

会话1音频

1 在公司会议厅

客户甲：杨小姐，你以前对罗杰斯了解多吗？

杨语玫：有一些了解。罗杰斯与索罗斯在1971年曾组建了华尔街最成功的投资基金——“量子基金”。

客户甲：大名鼎鼎的索罗斯，我倒是很早就知道！

杨语玫：索罗斯负责买卖交易，罗杰斯负责收集资讯和进行分析。

客户甲：原来他们是超级[4]搭档啊！

杨语玫：是啊，要不[5]人们怎么会称罗杰斯与索罗斯为华尔街最耀眼的双子星呢？两个人配合默契，使得“量子基金”连续十年的平均收益率超过50%。

客户甲：罗杰斯的出身很辉煌啊！

杨语玫：为了在国际投资活动中稳操胜券，罗杰斯喜欢周游世界各国，他两次环球旅行，总行程打破了吉尼斯纪录。

客户甲：真是百闻不如一见[6]！

2 在贵宾室

会话2音频

客户乙：楚先生，中国投资的大气候的确很好，可是深圳近年来的投资环境有没有变化？

楚云舒：有变化，变得更好了。粤港澳大湾区研究院、21世纪经济研究院联合发布的《2020年中国296个地级及以上城市营商环境报告》指出，2020年深圳营商环境总水平位居第一。

客户乙：投资情况怎么样？

楚云舒：深圳市商务局统计显示，截至2019年，全球约有155个国家（地区）在深圳设立外资企业，数量超过9万家，累计吸收合同外资近3 000亿美元，实际使用外资金额超1 000亿美元。

客户乙：香港、澳门呢？

楚云舒：目前核准登记注册的港、澳个体工商户已有数千家。

客户乙：听说世界知名企业纷纷落户深圳？

楚云舒：是啊。只要稍微对新闻加以[7]关注，你就会发现这样的例子不胜枚举。

客户乙：外资公司怎么注册？

楚云舒：2020年外资公司注册步骤为：准备资料→名称核准→核发“营业执照”→相关行业行政许可审批。

客户乙：太谢谢了！

楚云舒：（对杨语玫）有一个韩国客户，他上个星期三就预约明天上午来公司咨询，我和你一起去见见他吧。

杨语玫：好的。

四、要点注释 Notes to the Text

1 定语后置

定语在前，中心语在后，这是定中结构的正常位序，但有时由于语用的需要，为了表示强调定语的内容，会把中心语放在前面，定语放在后面，一般中心语和定语之间会有停顿。例如：

（1）她去年生了个孩子，男的，七斤半。（她去年生了个七斤半的男孩子）。

（2）王扬送给丽丽一束玫瑰花，红红的，香香的。（王扬送给丽丽一束红红的香香的玫瑰花。）

（3）李浩是深圳大学的学生，文学院的，中文系的。（李浩是深圳大学文学院中文系的学生。）

2 副词：宁愿

表示在比较利害得失之后选取一种做法，主语一般用在动词前，也可以用在后面。

（1）宁愿……也不……。

（a）宁愿今天辛苦点，也不要让今天的活拖到明天干。

（b）宁愿我吃点苦，也不要让妈妈受累。

（c）宁愿回家乡去创业，也不要勉强留在这儿一事无成。

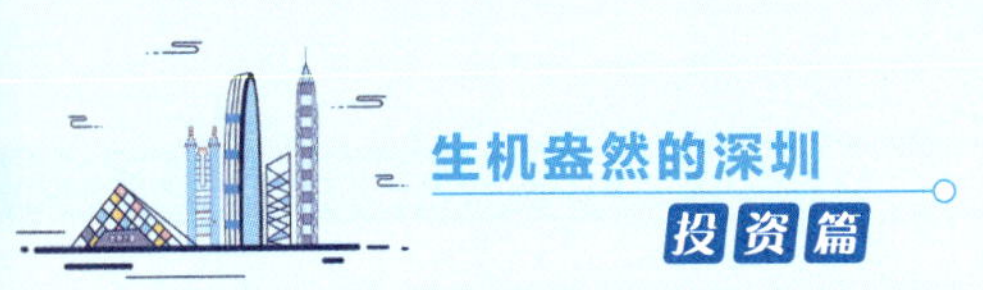

（2）宁愿……也要……。

（a）宁愿步行，我也要赶上那班火车。
（b）宁愿少睡点觉，他也要把那篇作文写完。
（c）宁愿自己挨饿，妈妈也要让孩子们吃得好。

（3）与其……宁愿……。

（a）与其你去，宁愿我去。
（b）与其你承担责任，宁愿我承担责任。
（c）与其去梧桐山，宁愿去南山。

（4）其他情况。

（a）我看这事宁愿小心点为好。
（b）如果这个题目不好，宁愿删去。
（c）如果孩子不孝顺，老人宁愿没有生他。

3 单用：一边

（1）前面空着，后面用“一边”。例如：

（a）小胡收拾着屋子，一边对兰兰说：“兰兰，帮我拿块布来！”
（b）她蹲在窗户上擦玻璃，一边还轻快地哼着小曲。
（c）猴子摇着树枝，一边把摘下的苹果扔给在树下等着的小猴。

（2）前面用"一边"，后面空着。例如：

（a）一边朝里走，他忍不住朝四周望了望。
（b）一边打球，他想着母亲的病情。
（c）一边说着，他们已经走进了酒店。

4 类词缀：超

所谓类词缀，是指词汇意义没有完全虚化，词的语法意义增强，构成词语具有类化性，显示构成的词的某类词性。构成的有名词，也有形容词。例如：

超人、超声波、超音速、超低频、超低温、超导体、超短裙、超龄、超智

5 连词：要不

（1）如果不这样；否则。引进表示结果或结论的小句。例如：

（a）上大学后给父母写一封信吧，要不他们会很不放心的。
（b）我们自己一定要做好，要不怎么能教育好孩子？
（c）睡觉时盖好被子，要不会着凉的。

（2）引进与上文交替的情况。后面可用"就"呼应。例如：

（a）这件事你可以找人帮你做，要不你就自己做。
（b）星期天你可以与王经理见面，要不就再约个时间。
（c）你可以申请缓考，要不你就参加这次考试。

6 百闻不如一见

这是一句俗语，意思是听说的次数再多，也不如亲眼见一次那么可信。

7 动词：加以

表示对某一事物施加某种动作。必带双音节动词宾语。“加以”是个形式动词，真正表示动作的是后面的动词。后面动词的受动者常常在前面。例如：

（1）遇到任何困难都要**加以**具体分析，先别着急。

（2）大家的意见，我们一定**加以**认真分析。

（3）把英雄的事迹**加以**宣传，就能教育普通人。

五、练习 Exercises

1 选词填空

（聆听、倾听　　因素、原因　　忍受、忍耐）

（1）我们应该耐心地________广大群众的意见，特别是不同意见。

（2）大家都认真地________他的演讲。

（3）自信是取得胜利的关键________。

（4）他犯错误的根本________是骄傲自满。

（5）人的________是有限度的。

（6）车厢里人员拥挤，空气浑浊，让人无法________。

2 造句

（1）宁愿……也不……

____

（2）一边

____

3 用指定的词语完成句子

（1）他很喜欢旅行，他的梦想是______________________。（周游）

（2）这只股票很有潜力______________________。（看好）

（3）罗杰斯的演讲很精彩______________________。（掌声）

（4）深圳的夏天太热了______________________。（忍受）

（5）投资需谨慎______________________。（要不）

（6）你早些走出家门______________________。（拥挤）

（7）心系祖国，海外华商晚年时都要______________回到祖国。（想方设法）

（8）听众们______________盼望索罗斯的到来。（热切）

4 成段表达

你想要在哪里投资？说一说这里的投资环境，尽量用上以下词语。

（潜力、股市、宏观、因素、看好、想方设法、收益、调查、自信、大气候、预计、提升）

____

____

____

____

5 根据课文内容选择填空，完成概要重述

楚云舒、杨语玫和公司的9位（1）聆听了国际投资大师罗杰斯的（2）。罗杰斯周游了116个国家和地区，通过（3），他判断，在未来中国股市将有巨大的投资机会出现。投资首先要找好成长点，进行不同的选择。最重要的是社会、经济、政治和军事等宏观因素对某一产业的命运产生什么样的影响，行业景气状况将如何变化。

罗杰斯还说，经济的快速增长必然会加大对（4）的消耗，资源类的行业被外来投资者一致看好。他预计，将服务对象定位在女性的一些行业，也将成为那个时候的热门行业。最后，他再次由衷地感叹中国的（5）。

罗杰斯的演讲赢得了雷鸣般的掌声。会后，很多观众（6）地请求他签名留念。

罗杰斯热情地与他们一一握手，一边快速地签名。

（1）（　　）A. 群众
B. 客户
C. 客人
D. 路人

（2）（　　）A. 精彩演讲
B. 旅游心得
C. 谆谆教诲
D. 一派胡言

（3）（　　）A. 自己的猜测和推断
B. 别人告诉他的信息
C. 论证和分析
D. 打探而来的小道消息

（4）（　　）A. 能源等资源类产品
B. 水资源
C. 矿石能源等
D. 人才资源

（5）（　　）A. 投资环境不景气
B. 发展潜力大，投资机会多
C. 发展没什么潜力
D. 大气候实在太好了

（6）（　　）A. 热火
B. 热情
C. 热烈
D. 热切

6 根据文章内容选择正确答案

（1）人们为什么称罗杰斯与索罗斯为华尔街最耀眼的双子星？（　　）

A. 他们的行事风格相似

B. 他们是双胞胎

C. 他们配合默契，组建了华尔街最成功的投资基金

D. 他们长得很像

（2）文中“百闻不如一见”的意思是：（　　）。

A. 闻过一百种味道

B. 听别人说了一百遍不如第一次见面

C. 在第一次见面之前已经听别人说过一百遍

D. 听别人说多少遍，也不如自己亲自看一下

（3）“中国投资的大气候的确很好”中的“大气候”可以用以下哪个词代替？（　　）

A. 大环境　　B. 大天气　　C. 大市场　　D. 大舞台

（4）以下关于罗杰斯的说法，哪一项不正确？（　　）

A. 他是国际投资大师

B. 他曾在1971年组建“量子基金”

C. 罗杰斯喜欢环游世界

D. 他没有来过中国

（5）关于深圳的投资环境，以下哪项在文中没有提到？（　　）

A. 截至2019年，在深圳设立的外资企业数量超过9万家

B. 在深圳投资有政府政策福利

C. 2020年深圳营商环境总水平位居第一

D. 世界知名企业纷纷落户深圳

六、阅读 Reading

索罗斯在布达佩斯中欧大学的演讲

在我的一生中，我制定了一个概念框架帮助自己既作为一个对冲基金经理去挣钱，也作为一个政策导向的慈善家去花钱。但是，框架本身是无关乎钱财的，它是关于思想和现实之间的关系，而这个问题从很早开始，就已经被哲学家们广泛地研究。50年代末，我还是伦敦经济学院的一个学生时，就开始发展我的哲学。由于我提前一年参加了最后的考试，在得到学位之前，我有一年的空闲时间去打发，可以选择导师对我进行指导，我选择了卡尔·波普尔，一位出生于维也纳的哲学家，他的名著《开放社会及其敌人》已经给我留下了深刻的印象。

我一生中的经验成型于1944年德国对匈牙利的占领。那时我还不到14岁，拥有不错的富裕中产阶级背景，但突然之间，因为我是犹太人，就面临着被驱逐和杀害的前景。幸运的是我的父亲对这种非常态的事情是有充分准备的。他经历过俄国革命，那是他一生的宝贵经验。在那之前，他是一个雄心勃勃的年轻人，一战爆发后，他自愿参加了奥匈军队。他被俄国人俘虏，送到西伯利亚去成了战俘。由于野心，他成了犯人们自

制报纸的编辑。这份报纸是手工写在一个木板上的，名字就叫“木板”。这份工作使他非常受欢迎，他被选为囚犯的代表。之后，一些士兵逃离了邻近的集中营，该营的囚犯代表被报复性枪杀。我父亲不想坐以待毙等待同样的事情发生在他所在的集中营里，就组织了个小组领导了一次越狱。他的计划是造一个木筏航行进入大海，但他的地理知识太缺乏，他不知道西伯利亚所有河流都流向北冰洋。他们漂流了几个星期才意识到是在漂向北冰洋，又花了好几个月穿过重重的针叶林，寻找道路回到文明。与此同时，俄国革命爆发，他们又卷入其中。经过了一系列的冒险之后，我的父亲才终于回到了匈牙利，如果他当时留在集中营不逃走，应该早就回到家了。

（注：本文为索罗斯2009年在布达佩斯中欧大学系列演讲的第一讲，收录在《超越金融》一书里。）

问题

（1）索罗斯所说的框架是什么？

（2）索罗斯一生中的经验成熟于什么时候？

（3）索罗斯的父亲组织越狱成功了吗？

Lesson Four

第四课 朴正元的困惑

要点：

1 区别词
2 反递句：尚且……何况……
3 连词：或者
4 连词：万一
5 幸亏……否则……
6 动词：取决于
7 万事开头难

一、生词 New Words and Expressions

字词音频

1	轿车	jiàochē	名词 n.	sedan；limousine
2	贵宾室	guìbīnshì	名词 n.	VIP room
3	衣冠楚楚	yīguānchǔchǔ	成语 sph.	to be in smart clothes
4	庄重	zhuāngzhòng	形容词 adj.	look serious
5	零部件	língbùjiàn	名词 n.	components and parts
6	配套	pèitào	名词 n.	from a complete set；matching
7	困惑	kùnhuò	形容词 adj.	perplexed；puzzled
8	精心	jīngxīn	形容词 adj.	elaborate
9	耐心	nàixīn	形容词 adj.	patient
10	设备	shèbèi	名词 n.	equipment
11	电气	diànqì	名词 n.	electric
12	机械	jīxiè	名词 n.	machinery；machine
13	仪器	yíqì	名词 n.	instrument
14	合资	hézī	名词 n.	joint investment
15	公司	gōngsī	名词 n.	company
16	独资	dúzī	名词 n.	individual proprietor
17	电信	diànxìn	名词 n.	telecommunication
18	房产	fángchǎn	名词 n.	house property
19	尝试	chángshì	动词 v.	to try
20	紧锁	jǐnsuǒ	动词 v.	with knitted brows
21	眉头	méitóu	名词 n.	brows
22	舒展	shūzhǎn	动词 v.	to unfold；to extend
23	一筹莫展	yīchóumòzhǎn	成语 sph.	to be nonplussed over sth.
24	优点	yōudiǎn	名词 n.	advantages
25	缺点	quēdiǎn	名词 n.	disadvantages

26	经营	jīngyíng	动词 v.	to manage; to operate
27	申请	shēnqǐng	动词 v.	to apply for
28	协调	xiétiáo	动词 v.	to coordinate
29	审批	shěnpī	动词 v.	to examine and approve
30	核准	hézhǔn	动词 v.	to check and approve
31	注册	zhùcè	动词 v.	to register
32	高效	gāoxiào	形容词 adj.	highly effective
33	一条龙	yītiáolóng	词组 wg.	to be coordinated into operations
34	土地	tǔdì	名词 n.	land; soil
35	企业	qǐyè	名词 n.	enterprise
36	所得税	suǒdéshuì	名词 n.	income tax
37	增值税	zēngzhíshuì	名词 n.	value-added tax
38	国民	guómín	名词 n.	national
39	待遇	dàiyù	名词 n.	treatment
40	享有	xiǎngyǒu	动词 v.	to enjoy
41	自主权	zìzhǔquán	名词 n.	right to manage one's own affairs
42	会计师	kuàijìshī	名词 n.	senior accountant
43	事务所	shìwùsuǒ	名词 n.	office
44	中介	zhōngjiè	名词 n.	intermediary agent
45	机构	jīgòu	名词 n.	organization
46	一帆风顺	yīfānfēngshùn	成语 sph.	everything is going smoothly

1	IBM		International Business Machines Corporation
2	康柏	Kāngbǎi	Conber Co., Ltd.
3	爱普生	Àipǔshēng	Seiko Epson Co., Ltd.
4	富士施乐	Fùshì Shīlè	Fuji Xerox Co., Ltd.
5	龙井	Lóngjǐng	Longjing, a kind of green tea's name
6	福中三路	Fúzhōng Sān Lù	3 Fuzhong Road

二、课文 Text

课文音频

朴正元的困惑

星期三上午九点，韩国客户朴正元开着一辆高级[1]轿车来到了公司。楚云舒和杨语玫在贵宾室接待了他。朴正元衣冠楚楚、神情庄重，他说以前在韩国开过公司，主要生产计算机的零部件，现在想来中国发展，可发现这里早有1 600多家计算机配套工厂，还有一批国际知名企业如IBM、康柏、爱普生、富士施乐等都在深圳建立了生产基地和研究中心。大公司的发展尚且不容易，更何况[2]他的这个不出名的小企业。他感到很困惑，所以决定来咨询公司寻求帮助。

会客厅里响起柔和的音乐，语玫为客人泡了一杯香气宜人的龙井茶。楚云舒拿出精心准备的咨询方案，耐心地为朴正元分析起来，他说深圳现有外商投资研发中心近100家，主要从事电子通信设备、电气机械、医药、仪器仪表、软件等的研究开发，研发中心外资来源集中于美国和日本等国家和地区。朴正元的韩国版的产品仍然有很大的市场。最后为他提供了三种方案：一种方案是与中国企业合作，成立合资公司；另一种方案是成立独资公司；还有一种方案是集中资金，进行其他行业的投资，例如教育业、电信业、房产业、饮食业或者[3]信息服务业等。万一[4]这几种方案都行不通，还可以尝试别的路。在轻松的氛围中，朴正元紧锁的眉头慢慢舒展开来。

三、会话 Dialogues

会话1音频

1 在贵宾室

朴正元：幸亏及时来你这儿咨询，否则[5]还会感到一筹莫展，谢谢你。不过，我还有个问题，你提供的这三种方案，哪一种最好？

楚云舒：每一种方案都有自己的优点和缺点，结果的好坏取决于[6]你的具体的经营方式。

朴正元：如果我想申请成立独资公司，该怎么办？

楚云舒：你可以到深圳市市民中心去咨询办理。它在福中三路。

朴正元：这个中心主要从事什么业务？

楚云舒：它从事的业务有咨询、协调、审批管理、核准登记和注册发证。

朴正元：整个手续很复杂吧？

楚云舒：不用担心。他们为外商投资提供高效的"一条龙"服务。

2 在贵宾室

会话2音频

朴正元：我还听说中国对外商投资有一些优惠政策？

楚云舒：是的，政府大力发展外商投资经济，实行了一系列的优惠政策。

朴正元：具体有哪些优惠政策？

楚云舒：例如外资企业的“土地使用税”“企业所得税”“增值税”可以享受一定的优惠；对外商投资企业和外籍工作人员实行国民待遇；让外资企业在管理经营上享有充分的自主权；按照年实际使用外资金额给予外商投资企业新设和增资分档奖励等。

朴正元：政府真明智！

楚云舒：所以，大批外商看好市场发展的潜力，一些国际著名的大公司甚至将总部迁到深圳，打算长久发展。

朴正元：政府鼓励什么样的企业来投资？

楚云舒：政府鼓励境外知名的咨询公司、会计师事务所等中介机构来深圳投资设点，还鼓励境外大型电子商务公司、电信服务公司落户深圳。

朴正元：谢谢你，请你明天和我一起去深圳市市民中心看看，好吗？

楚云舒：好的。万事开头难[7]，祝你一帆风顺！

四、要点注释 Notes to the Text

1 区别词

区别词是指性质固定、没有级度变化的词，例如：

小型企业、大型工厂、恶性病、高级轿车、中等水平、全能运动员

这类词具有两个重要特点：其一，由于没有级度变化，所以不能受程度副词的修饰；其二，基本功能是充当定语，但不单独充当谓语或成为谓语中心。它们如果用于谓语部分，必须出现在“是……的”之间。例如：

（1）金正元的企业是小型的。
（2）他的汉语水平是中等的。
（3）他开的小轿车是高级的。

2 反逼式递进句：尚且……何况……

反逼式递进句简称反逼句，表示以一层意思为基础向相比之下不值一提的另一层意思反逼推进。例如：

（1）大人尚且搬不动这张桌子，更何况你这个小孩子。
（2）有钱尚且不能乱花，何况没钱。
（3）身体好的人尚且要坚持锻炼，更何况是身体不好的人。

3 连词：或者

（1）表示选择。有时用一个“或者”，有时用“或者……或者……”。例如：

（a）你同意或者反对。
（b）男人或者女人都可以从事这项工作。
（c）问他或者问你都可以吗？
（d）或者他去，或者你去，总之你们要有一个人去。

连接两个宾语时，只能用一个“或者”。例如：

（a）找妈妈或者爸爸都可以。
（b）叫她小姐或者女士都可以。

两个成分共有一个带“的”的修饰语时，只能用一个“或者”。例如：

（a）选择的正确或者错误。
（b）数量上的增加或者减少。

（2）表示几种交替的情况。例如：

（a）每天清晨有好多人在公园里锻炼，或者跑步，或者做操，或者跳绳。
（b）大家发表意见吧，或者同意，或者反对，或者弃权。

（3）表示等同。例如：

（a）我们的国家叫“中国”，或者“中华人民共和国”。
（b）你的说法，或者叫观点吧，我都能理解。

4 连词：万一

连词“万一”表示可能性极小的假设。例如：

（1）万一他不能及时赶到，你该怎么办？
（2）万一下雨，我们还出不出去？

5 幸亏……否则……

这一句式表示原因和逆原因的结果，重在说明某种原因才得以避免某种不如意或不正常的结果。

前项解释原因，指出已经发生的事实，可以用肯定的句式，也可以用否定的句式；“幸亏”对事实加以强调，表示值得庆幸的语气。例如：

（1）幸亏带了雨伞，否则就淋到雨了。
（2）幸亏你躲得快，否则就被车撞了。
（3）幸亏你还没有出门，否则你就让客人白来了一趟。

“幸亏……否则……”可以改成“要不是……就……”。例如：

（1）要不是带了雨伞，就淋到雨了。
（2）要不是你躲得快，就被车撞了。
（3）要不是你还没有出门，你就让客人白来了一趟。

6 动词：取决于

“取决于”表示由某方面或某种情况决定，必须带宾语。

（1）宾语是名词。例如：

（a）消费的增长取决于生产的增长。
（b）幸福与否取决于心态。

（2）宾语是问句或包含两个意义对立的词。例如：

（a）种子发芽取决于空气湿度怎么样。
（b）成绩的好坏取决于你是否努力。

（3）主语是问句形式或包含两个意义对立的词，宾语是名词短语。例如：

（a）比赛的成败，不仅取决于队员的水平，还取决于教练的安排。
（b）企业的好坏取决于老板的管理水平和员工的配合程度。
（c）你的健康状况难道不是取决于你的心态吗？

（4）主语和宾语都是问句形式或包含两个意义对立的词。例如：

（a）病好得快还是慢，取决于你是否认真对待。
（b）产品质量的好坏取决于材料的好坏和加工的粗细。
（c）人的思想不是取决于他所受的教育吗？

7 万事开头难

这是中国的一句俗语，意思是做任何事，刚开始总会遇到各种各样的困难，但人不能被困难吓倒，而是要慢慢地克服困难。

五、练习 Exercises

1 选词填空

（郑重、庄重　　尝试、试验　　耐心、耐性）

（1）今天要去见客户，姐姐打扮得__________大方。
（2）在新闻发布会上，外商__________宣布了在华投资计划。
（3）对先进的技术，我们要积极引进，大胆__________。
（4）经过几百次的失败，__________终于成功了。
（5）他__________地向客户解答问题。
（6）在第三次回答同一个问题之后，她终于失去了__________。

2 造句

（1）尚且……何况……

____

（2）幸亏……否则……

____

3 用指定的词语完成句子

（1）这个问题比较复杂，________________。（困惑）

（2）客户对那个棘手的问题________________。（一筹莫展）

（3）如果想申请成立独资公司，需要到深圳市市民中心________。（审批）

（4）深圳市市民中心为人们提供________________。（高效）

（5）在我国，外资企业在管理经营上________自主权。（享有）

（6）大批外资企业看好深圳市场______，纷纷在此投资。（潜力）

（7）在政府的鼓励下，许多外国公司__________深圳。（落户）

（8）自公司创立后，因为当初筹办得当，至今倒也________。（一帆风顺）

4 成段表达

你对深圳的投资环境以及政府对外资投资的政策了解多少？请谈一谈，尽量用上以下词语。

（优点、经营、申请、核准、注册、一条龙、增值税、自主权、机构、中介、落户）

____

____

____

5 根据课文内容选择填空，完成概要重述

星期三上午九点，楚云舒和杨语玫在公司贵宾室接待了韩国客户朴正元。朴正元说，他以前在韩国开过公司，主要生产计算机的零部件，现在（1），可发现这里早有1 600多家计算机配套工厂，还有一

批国际知名企业都在深圳建立了生产基地和研究中心。大公司的发展尚且不容易，更何况他的这个不出名的小企业。他感到很（2），所以决定来咨询公司寻求帮助。

楚云舒耐心地为朴正元分析了早已准备好的咨询方案，他说深圳现有外商投资研发中心近100家，主要从事（3）、医药、仪器仪表、软件等的研究开发，研发中心外资来源集中于（4）。朴正元如果投资韩国产品项目，将会有很大市场。最后为他提供了三种可选方案：方案一是（5）；方案二是成立独资公司；方案三是集中资金，进行教育业、电信业等其他行业的投资。如果以上三种方案都不合适，（6）。在轻松的氛围中，朴正元紧缩的眉头慢慢舒展开来。

（1）（　　）A. 想来中国寻找资金
B. 想开拓中国市场
C. 想来中国发展
D. 想学习生产技术

（2）（　　）A. 困惑
B. 兴奋
C. 沮丧
D. 惊讶

（3）（　　）A. 美容、美发
B. 健身
C. 服饰
D. 电子通信设备、电气机械

（4）（　　）A. 越南、菲律宾等东南亚地区国家
B. 俄罗斯等欧洲国家
C. 美国和日本等国家和地区
D. 印度

（5）（　　）A．成立中外合资公司
B．放弃中国市场
C．成立一人有限公司
D．寻找投资代理

（6）（　　）A．可以换个地方投资
B．还可以尝试别的方法
C．那就没办法了
D．可以考虑放弃

6 根据文章内容选择正确答案

（1）如果想申请成立独资公司该怎么办？（　　）
A．到会计师事务所去咨询办理
B．到福中三路的深圳市市民中心去咨询办理
C．到电子商务公司去咨询办理
D．到电信服务公司去咨询办理

（2）以下哪项不是深圳市市民中心办理的业务？（　　）
A．咨询
B．核准登记
C．货物进出口审批
D．注册发证

（3）文中的“‘一条龙’服务”的意思是：（　　）。
A．把需要集中办理的事项关联在一起，形成完整的服务链的服务
B．服务态度恶劣
C．像一条龙一样快速的服务
D．服务内容多得像一条龙

（4）以下哪项不是中国对外商投资的优惠政策？（　　）
A．提供免费的咨询服务

B. 对外商投资企业和外籍工作人员实行国民待遇

C. 减免外资企业的“土地使用税”

D. 让外资企业在管理经营上享有充分的自主权

（5）“万事开头难”的意思是：（　　）。

A. 求别人帮忙办事很难

B. 做什么事开头都很容易

C. 万事开头没有结尾那么难

D. 做什么事都是开始的时候比较难

六、阅读 Reading

“创新之城”的广阔前景

深圳是中国改革开放以来所建立的第一个经济特区，已经发展成为具有巨大影响力的国际大都市，创造了举世瞩目（jǔshìzhǔmù，to attrac worldwide attention）的“深圳速度”，同时享有“设计之都”“钢琴之都”“创客之都”（chuàngkè zhī dū，the capital of creation）等美誉（měiyù，good reputation）。作为中国对外交往的重要国际门户，深圳是全球发展最快、经济最活跃的城市之一，它是中国南方重要的技术研发和制造基地，并入选“外籍人才眼中最具吸引力的十大城市”。深圳全市产业配套体系完善，高新技术产业、金融服务业、现代物流业以及文化产业是这座城市的四大支柱产业，战略性新兴产业（zhànlüèxìng xīnxīng chǎnyè，emerging industries of strategic importance）和现代服务业正在迅速崛起（juéqǐ，to rise sharply），将成为深圳经济发展的新引擎（yǐnqíng，engine）。

深圳是一座因创新而生的城市，“自主创新”是这座城市发展的主导战略，这使深圳成为中国经济新常态下创新发展的急先锋（jíxiānfēng，daring vanguard），成为人们心目中的“创客之都”“创新之城”。深圳孵化（fūhuà，to hatch）了不少享誉（xiǎngyù，to enjoy good fame）世界的科技企业，PCT 国际专利申请量和每万人发明专利拥有量均居全国各大中城市首位。四十多年来，深圳靠不断创新始终走在中国改革开放的最前沿，如今深圳正在加快转变经济发展方式，努力建设国家创新型城市，以新的经济形态促进实现“深圳速度”到“深圳质量”的跨越，打造一个孕育（yùnyù，to breed）梦想、实现梦想的美丽深圳。

（1）深圳有哪些美誉？

（2）深圳的四大支柱产业是什么？

（3）哪些产业正在深圳迅速崛起？

（4）深圳转变经济发展方式的目标是什么？

Lesson Five 第五课 政府的阳光服务

要点：

1. 兼语句和连动句的连用
2. ……以便……
3. 形容词作定语时的顺序
4. 名词后缀：头
5. 除非……否则……
6. 连词：省得
7. 一个好汉三个帮

一、生词 New Words and Expressions

字词音频

1	注销	zhùxiāo	动词 v.	to log off
2	年检	niánjiǎn	名词 n.	annual examination
3	进驻	jìnzhù	动词 v.	to enter and be stationed in
4	服务	fúwù	动词 v.	to serve
5	尽可能	jìnkěnéng	副词 adv.	as far as possible
6	节省	jiéshěng	动词 v.	to economize; to save
7	跨国	kuàguó	词组 wg.	transnational
8	透明	tòumíng	形容词 adj.	transparent
9	实惠	shíhuì	形容词 adj.	substantial benefits
10	丰厚	fēnghòu	形容词 adj.	rich and generous
11	回报	huíbào	名词 n.	repay; requite
12	争相	zhēngxiāng	副词 adv.	to fall over each other to do sth.
13	采购	cǎigòu	动词 v.	purchase
14	竞争	jìngzhēng	动词 v.	to compete; to vie
15	激烈	jīliè	形容词 adj.	intense; fierce
16	雄厚	xiónghòu	形容词 adj.	tremendous; solid; rich
17	强劲	qiángjìng	形容词 adj.	powerful; forceful
18	实力	shílì	名词 n.	actual strength
19	淘汰	táotài	动词 v.	to eliminate
20	批准	pīzhǔn	动词 v.	to ratify; to approve
21	证书	zhèngshū	名词 n.	certificate
22	执照	zhízhào	名词 n.	license

23	申报	shēnbào	动词 v.	to declare
24	鼓励	gǔlì	动词 v.	to encourage
25	以上	yǐshàng	方位词 pw.	over；above
26	保税区	bǎoshuìqū	名词 n.	bonded area
27	出口	chūkǒu	动词 v.	to export
28	加工区	jiāgōngqū	名词 n.	processing area
29	无偿	wúcháng	形容词 adj.	without compensation
30	跟踪	gēnzōng	动词 v.	to follow the tracks
31	凡是	fánshì	副词 adv.	every；any
32	涉及	shèjí	动词 v.	to involve；to relate to
33	税务	shuìwù	名词 n.	taxation
34	外汇	wàihuì	名词 n.	foreign exchange
35	登记	dēngjì	动词 v.	to register
36	常驻	chángzhù	动词 v.	to reside permanently
37	精神	jīngshén	名词 n.	spirit；mind
38	费神	fèishén	动词 v.	to bother to do sth.
39	门槛	ménkǎn	名词 n.	threshold
40	放宽	fàngkuān	动词 v.	to relax the requirements
41	股比	gǔbǐ	名词 n.	shares ratio

1	汇丰银行	Huìfēng Yínháng	Hongkong and Shanghai Banking Co.，Ltd.
2	沃尔玛	Wò'ěrmǎ	Wal-Mart Stores，Inc.
3	麦当劳	Màidāngláo	McDonald Co.，Ltd.
4	家乐福	Jiālèfú	Carrefour Co.，Ltd.
5	深圳特区报	Shēnzhèn Tèqū Bào	*Shenzhen Special Zone Daily*

二、课文 Text

课文音频

政府的阳光服务

星期四，楚云舒陪着[1]朴正元来到了深圳市市民中心。接待他们的李主任很热情地介绍说，目前对外投资企业的设立、变更、注销等业务可以到深圳市市民中心办理，也可登录“广东政务服务网”实现企业开办一表填报、一窗领取。外商投资企业联合年检也可直接网上申报。目前，进驻这里的政府管理服务部门有30多个，市民中心的大厅设有20多个办事机构，尽可能提供高效服务，以便[2]节省投资者的时间和精力。

李主任还介绍说，近300家世界500强的跨国公司[3]设立时，政府都曾为它们提供阳光服务。什么叫阳光服务？就是说这些服务既透明又实惠又温暖，像阳光一样。美国花旗银行、香港上海汇丰银行等外资银行机构，它们的投资在这里都得到了丰厚的回报。所以很多国际闻名的大公司都热衷于这儿的事业，如沃尔玛、麦当劳、家乐福等争相在深圳设立采购中心。它们也都尝到了甜头[4]。当然，市场竞争也很激烈，除非有很雄厚的财力与很强劲的实力，否则[5]也很有可能被淘汰。

三、会话 Dialogues

会话1音频

1 在办公室

朴正元：谢谢您。如果我现在办投资手续，大概要等多久才能拿到批准证书和营业执照？

李主任：只要申报材料齐备，并且属于政府鼓励类的外商投资项目，在12个工作日内，投资者可领到以上资料。

朴正元：还有其他的规定吗？

李主任：对投资1 000万～3 000万美元以及在保税区、高新技术产业园区、出口加工区新设外商投资项目，我们可无偿为投资者提供全过程跟踪服务，投资者在6个工作日内可领到外商投资批准证书和营业执照。

朴正元：办理海关手续时间会更长吧？

李主任：恰恰相反，凡是涉及海关、税务、外汇等有关部门的登记手续，均在2个工作日内办完。

朴正元：真是快车服务！

李主任：还有，外国及港澳台企业在深圳设立常驻代表机构的核准手续5个工作日内完成。

会话2音频

2 在深圳市市民中心门口

王　峻：快看今天的《深圳特区报》，上面刊登了一则与你们外商有关的新闻。

朴正元：什么消息？能念给我听听吗？

王　峻：2020年，深圳全市新设外商投资企业4 434个，实际使用外资86.83亿美元，增长11.8%，占全国的6%，其主要精神是深化商业利用外资的工作。

朴正元：我有点听不明白。

王　峻：我这么跟你说吧，省得[6]你费神。外资在深圳稳中有增，背后是商务部颁布的稳外资的政策力度在加码。这个政策的实施，其实是降低了外资进入中国商业的门槛。深圳在继续执行广东省"外资十条"的同时，做好1∶1市级配套奖励，全年共向15家重点外资企业发放省市外资奖励资金，实现实际使用外资金额近20亿美元的拉动作用。

朴正元：太好了！请继续念下去！

王　峻：深圳不仅放宽了外方投资者的股比约束，还出台了《2020年稳外资促发展若干措施》，旨在稳定外资存量、促进增量。

朴正元：谢谢你及时提供这条消息。

王　峻：没关系，一个好汉三个帮[7]嘛！

四、要点注释 Notes to the Text

1 兼语句和连动句的连用

当兼语前头用"引陪"意义的动词的时候，有可能形成兼语句和连动句的连用，即句式里混合了两种语义关系，既可以解释为兼语句，也可以解释为连动句。例如：

（1）我陪着他看电影。

我陪着他，我和他都看电影。（连动句）
我陪着他，他看电影。（兼语句）

（2）警察指引小孩过马路。

警察指引小孩，警察和小孩都过马路。（连动句）
警察指引小孩，小孩过马路。（兼语句）

（3）将军领着士兵打仗。

将军领着士兵，将军和士兵打仗。（连动句）
将军领着士兵，士兵打仗。（兼语句）

2 ……以便……

表示使得下文所说的目标容易实现。用于后一小句开头。前后两小句主语相同时，后一小句不出现主语。例如：

（1）我们要努力学好汉语，以便能与中国人更好地交往。
（2）小梅买了一张乘车卡，以便上车时不用找零钱。
（3）他吃完饭就将剩菜倒进垃圾桶，以便服务员收拾桌面。

3 形容词作定语时的顺序

形容词作定语时的顺序一般是按照以下规律排列的：

时间性、体积性、颜色性：新的小红帽
体积性、颜色性、形体性：大的白胖圆脸
体积性、颜色性、质地、味道：小的红酸苹果

例如：

（1）我有一件大的白色羊毛衫。
（2）她新买了一个方形的红色皮质沙发凳。

4 名词后缀：头

名词后缀“头”可以附加在名词词根、形容词词根、动词词根后面构成名词。

（1）名词词根＋“头”。例如：

枕头、木头、码头、馒头、名头、由头

（2）形容词词根＋“头”。例如：

甜头、苦头

（3）动词词根＋“头”。例如：

想头、念头、看头

5 除非……否则……

这是一种条件式复句，表示条件和逆条件的结果。分成以下两种情况：

（1）需求性的。例如：

（a）除非你答应他的要求，否则他是不会放你走的。
（b）除非他加快脚步，否则就赶不上火车了。
（c）除非明天不下雨，否则我是不会出门的。

（2）分析原因的。例如：

（a）除非你实在没有时间，否则你还是多跑跑步吧！
（b）除非你一点儿也不想见他，否则还是给他打个电话吧！
（c）除非你不想考出好成绩，否则你可以不来上课。

6 连词：省得

表示避免发生某种不希望发生的情况。多用于后一小句开头，主语经常被省略，用于口语。例如：

（1）上课之前先预习一下功课，省得上课时什么也听不懂。
（2）出门时先关灯，省得浪费电。
（3）去火车站时带好车票，省得白跑一趟。

7 一个好汉三个帮

这是中国的一句俗语，意思是一个好人做正当的事，会得到朋友们的帮助。

五、练习 Exercises

1 选词填空

（丰厚、雄厚　　注销、淘汰　　回报、申报）

（1）深圳欢迎实力______的公司前来投资。

（2）他最近获得了一笔______的奖金。

（3）市民中心可办理企业______等业务。

（4）公司不注重创新，很有可能会被市场______。

（5）付出越多，______往往也越多。

（6）王力______了先进个人的评选。

2 造句

（1）除非……否则……

____

（2）……以便……

____

3 用指定的词语完成句子

（1）______________，我们共度了一个愉快的下午。（陪着）

（2）你的感冒这么严重，要______________。（尽可能）

（3）这一季的时装刚发售，______________。（争相）

（4）你把雨伞带好，______________。（省得）

（5）______________，杰克终于勇敢地迈出了第一步。（鼓励）

（6）柠檬、橙子、猕猴桃，________________。（以上）

（7）________________，我没花多少钱买到了一箱零食。（实惠）

（8）________________，我们需要不断提高自己。（竞争）

4 成段表达

来深圳投资的大型跨国公司如何能发展得更好？深圳市政府为它们提供了什么样的服务？请谈一谈，尽量用上以下词语。

（服务、单位、尽可能、节省、透明、争相、激烈、丰厚、竞争、回报、实力、淘汰、鼓励、证书、执照、凡是、登记、试点、门槛、放宽）

____

____

____

____

5 根据课文内容选择填空，完成概要重述

星期四，楚云舒（1）朴正元来到了深圳市市民中心咨询。李主任热情地介绍了一些情况。他们得知，深圳市市民中心设有30多个办事机构，为投资者提供高效服务，（2）节省投资者的时间和精力。李主任还说，政府为跨国公司提供透明、实惠又温暖的阳光服务。好多外资企业都得到了丰厚的（3）。沃尔玛、麦当劳、家乐福等国际知名的大公司争相在深圳设立采购中心，都（4）。不过，市场竞争激烈，大公司也需要雄厚的财力和强劲的实力，才（5）。

（1）（　　）A. 牵着
B. 拉着
C. 和
D. 追着

（2）（　　）A. 不然
B. 这样可以
C. 否则
D. 不行的话

（3）（　　）A. 报告
B. 报答
C. 报纸
D. 回报

（4）（　　）A. 卖甜品
B. 卖饮料
C. 爱吃广东菜
D. 取得了不错的收益

（5）（　　）A. 能发展得越来越好
B. 会被淘汰
C. 不会来深圳投资
D. 不会取得收益

6 根据文章内容选择正确答案

（1）对外投资企业开展的设立、变更、注销等业务在哪里办理？（　　）

A. 外商投资服务中心

B. 市政府办公室

C. 市民中心

D. 企业本部

（2）“阳光服务”是什么？（　　）

A. 日光浴

B. 白天里的服务

C. 阳光部门提供的服务

D. 像阳光一样温暖、透明而实惠的服务

（3）文中未提到以下哪一家公司？（　　）

A. 沃尔玛　B. 肯德基　C. 麦当劳　D. 家乐福

（4）以下哪项手续无法在2个工作日内办好？（　　）

A. 海关登记手续

B. 外汇登记手续

C. 税务登记手续

D. 领取营业执照

（5）“一个好汉三个帮”是什么意思？（　　）

A. 一个好人做正当的事，会获得他人的帮助

B. 一个好人会有三个人帮他

C. 一个好人可以加入三个帮的组织

D. 一个“好汉三个帮”的组织

六、阅读 Exercises

深圳速度：创造现代化奇迹

新中国对外开放的大门率先在深圳打开，40年的历程，深圳以令世人瞩目（zhǔmù，to fix one's eyes upon）的气魄（qìpò，boldness of vision）和速度创造了现代化奇迹。

1979年，蛇口第一声开山炮（pào，cannon）宣告了中国第一个外向型经济开发区诞生。从此，深圳敞开胸襟（xiōngjīn，breadth of mind），迎五洲客商；打开大门，接八面来风。开放市场，这里诞生了第一家外商投资企业；开放金融业，这里引入了第一家外资银行。开放的特质让深圳与众不同，成为国际资本的"强磁场（cíchǎng，magnetic field）"。大批外资企业，尤其是跨国公司的进入，使深圳经济国际化水平急剧提升。迄今为止（qìjīn wéizhǐ，so far），深圳筑巢引凤（zhùcháo yǐnfèng，to build a nest to attract a phoenix），不断吸引来自世界各地的外商投资企业落户，为深圳的发展注入活力。

打开国门引入的不仅仅是资金，西方发达国家先进的科技成果、成熟的管理经验、成功的经济模式、超前的营销理念、崭新的运营方法以及现代市场观念、竞争观念、人才观念、效益观念的积极引进和消化吸收，更成为滋养（zīyǎng，to nourish）这座城市最好的"养料（yǎngliào，nourishment）"。

（1）中国第一个外向型经济开发区在哪儿？诞生于何时？

（2）深圳对外开放仅仅引进资金吗？

（3）“深圳速度”的含义是什么？

Lesson Six

第六课 做什么更赚钱

要点：
1. 状语后置
2. 视……而定
3. 独立语
4. 三句话不离本行

一、生词 New Words and Expressions

字词音频

1	赚钱	zhuànqián	动词 v.	to make money
2	农场主	nóngchǎngzhǔ	名词 n.	farmer
3	莞尔	wǎn'ěr	副词 adv.	tactfully；politely
4	纺织	fǎngzhī	名词 n.	textile process
5	金属	jīnshǔ	名词 n.	metal
6	医药	yīyào	名词 n.	medicine
7	塑料	sùliào	名词 n.	plastics
8	制品	zhìpǐn	名词 n.	products
9	引领	yǐnlǐng	动词 v.	to look forward to sth. eagerly
10	零售业	língshòuyè	名词 n.	retail business
11	成长	chéngzhǎng	动词 v.	to grow up
12	步伐	bùfá	名词 n.	step；pace
13	绿色	lǜsè	名词 n.	green
14	农业	nóngyè	名词 n.	agriculture
15	原始股	yuánshǐgǔ	名词 n.	original share
16	乐子	lèzi	名词 n.	pleasure；fun
17	新宠	xīnchǒng	名词 n.	new pet favorite
18	奶酪	nǎilào	名词 n.	cheese
19	传媒业	chuánméiyè	名词 n.	the media and trans communication industries
20	蛋糕	dàngāo	名词 n.	cake
21	总裁	zǒngcái	名词 n.	general director
22	兼	jiān	动词 v.	to be concurrently in charge
23	首席	shǒuxí	名词 n.	chief
24	公民	gōngmín	名词 n.	citizen；civil
25	决策	juécè	名词 n.	decision

26	步骤	bùzhòu	名词 n.	step；move；procedure
27	目标	mùbiāo	名词 n.	target；objective
28	备选	bèixuǎn	动词 v.	to be ready for selection
29	预测	yùcè	动词 v.	to calculate；to forecast
30	估价	gūjià	动词 v.	to evaluate；to assess
31	欣然	xīnrán	副词 adv.	joyfully；with pleasure
32	本行	běnháng	名词 n.	one's own profession
33	差距	chājù	名词 n.	gap；disparity
34	大有可为	dàyǒukěwéi	成语 sph.	to have a brilliant future
35	实地	shídì	名词 n.	on the spot
36	考察	kǎochá	动词 v.	to inspect；to investigate
37	主峰	zhǔfēng	名词 n.	main peak
38	海拔	hǎibá	名词 n.	height above sea level
39	水库	shuǐkù	名词 n.	reservoir
40	盆地	péndì	名词 n.	basin
41	风水	fēngshuǐ	名词 n.	geomancy
42	烤	kǎo	动词 v.	to bake；to roast
43	乳鸽	rǔgē	名词 n.	newborn pigeon
44	尝鲜	chángxiān	动词 v.	to try delicacies of the season
45	环保	huánbǎo	名词 n.	environmental protection

1	凯恩	Kǎi'ēn	Kane, a person's name
2	西门子	Xīménzǐ	Siemens Ag Fwb Co., Ltd.
3	冯必乐	Féng Bìlè	Feng Bile, a person's name
4	光明农场	Guāngmíng Nóngchǎng	Guangming Farm
5	吊神山	Diàoshén Shān	Diaoshen Hill
6	晨光牛奶	Chénguāng Niúnǎi	Chenguang Milk

二、课文 Text

课文音频

做什么更赚钱

天问国际投资信息咨询公司接待的客户，几乎都会问到一个简单而又复杂的问题：在深圳做什么更赚钱？咨询部的员工总会一一作答，很耐心，很细致[1]。这天，加拿大来的农场主凯恩先生又提出同样的问题，杨语玫莞尔一笑，告诉他，以前外资投资涉及的主要行业包括电子、食品、纺织服装、金属、医药、塑料制品、机械制造、房地产、金融、交通运输以及餐饮业等。

至于将来做什么行业更赚钱，这可要视具体情况而定[2]。例如这里的软件市场处于黄金时代，信息服务业引领未来，零售业正加快成长的步伐，餐饮业是吃出来的大市场，绿色农业风日益流行，教育产业成了最后一只原始股，娱乐休闲业是种乐子得金子，医药行业是投资者的新宠，体育产业成了一块新奶酪，文化传媒业正在做大蛋糕，2020年新型冠状肺炎疫情之后的“科技+健康”的净水产业如日中天……三百六十行，行行有钱赚。成功的例子很多，沃尔玛集团希望在这儿发展得更好；西门子股份公司总裁兼首席执行官冯必乐说要做中国优秀公民。

杨语玫建议说，具体投资必须做个投资决策方案。其基本步骤是：提出决策目标、确定方案标准、制定若干备选方案、预测风险、估价风险、最后决策。凯恩欣然同意。

三、会话 Dialogues

会话1音频

1 在贵宾室

凯　恩：杨小姐，您能帮我简单分析一下决策过程吗？

杨语玫：好的。第一步，您得问自己：我想做什么？

凯　恩：我还是想干老本行：农产品开发。

杨语玫：好，兴趣是最好的老师。第二步，您得问自己：在这儿，我能做什么？

凯　恩：以前在加拿大曾经营一个绿色产品的大农场，我想在这方面的投资经验会更丰富一些。

杨语玫：这里的绿色产品无论是数量还是质量，与发达国家相比还有一定差距，依我看[3]，您大有可为。对了，第三步，您得问自己：怎么做最好？

凯　恩：我想到这儿的农场实地考察一下。

杨语玫：我先与光明农场预约，明天带您去。

凯　恩：太好了！谢谢您。

2 在光明农场

会话2音频

杨语玫：这是东南部的吊神山主峰，海拔288米，可以观赏到农场的全景。

凯　恩：有山，有树，有河，有水库，有盆地，的确是开发农场的风水宝地！

杨语玫：您真是三句话不离本行[4]。我们下山去看看吧。

凯　恩：我看见鸽子棚了！

杨语玫："烤乳鸽"可是农场最出名的一道菜，每年吸引大量游客到这儿尝鲜。

凯　恩：今天一定尝尝。

杨语玫：除了乳鸽，牛奶和果蔬也是这儿的环保美食资源，"晨光牛奶"您喝过吧？喔，农业观光区快到了。

凯　恩：我们先到果蔬观光区走一趟吧！

四、要点注释 Notes to the Text

1 状语后置

状语在前，中心语在后，这是状语和中心语的正常位置。由于语用的需要，把中心语放在状语的前面，这就形成了状语后置。例如：

（1）妈妈爱自己的孩子，从内心深处。
（2）她的声音留在我的记忆里，永远永远。
（3）他偷偷走到爸爸背后，轻轻地。

2 视……而定

这是个固定的表达格式，表示根据具体的情况来作出判断或选择。例如：

（1）你能否出院，视身体恢复的情况而定。
（2）能上什么样的学校，一般视学生的考试成绩而定。
（3）公司什么时候放假，视任务完成的进度而定。

3 独立语

独立语位置灵活，不充当句子的成分。例如：

（1）你看，出租车开过来了！
（2）他的成绩，严格地说，不能算是优秀。
（3）他并不喜欢上网，换句话说，他对上网不感兴趣。

4 三句话不离本行

这是中国的一句俗语，意思是从事某种职业的人在说话时，总是会谈到跟自己职业有关的话。

五、练习 Exercises

1 选词填空

（步伐、步骤　　新宠、尝鲜　　涉及、兼）

（1）人们迈着坚定的__________走向新时代。

（2）投资的__________具体有哪些？

（3）这是刚摘下的荔枝，快来__________吧！

（4）体育、医药行业是投资者们的__________。

（5）他是公司的总经理__________人力资源部部长。

（6）这个问题__________教育、医疗等众多行业。

2 造句

视……而定

____

3 用指定的词语完成句子

（1）________________________，外资投资变得更加容易。（引领）

（2）多吸取经验教训，______________________________。（成长）

（3）________________________，我们还不如去看电影呢！（乐子）

（4）听了我的一番解说，____________________________。（欣然）

（5）现在深圳的投资政策对外资很有利，________________。（大有可为）

（6）________________，他十分肯定深圳目前的投资环境。（考察）

（7）除了医疗卫生、文化教育等领域，________________。（环保）

4 成段表达

你认为来深圳投资，做什么最赚钱？如何做投资决策方案？说一说你的看法，尽量用上以下词语。

（赚钱、涉及、金属、纺织、医药、新宠、零售业、传媒业、原始股、步伐、总裁、公民、兼、首席执行官、步骤、目标、预测、估价、考察、大有可为）

____

____

____

____

____

____

5 根据课文内容选择填空，完成概要重述

天问国际投资信息咨询公司的员工总是（1）。加拿大的农场主凯恩先生问咨询员杨语玫，投资什么比较赚钱。杨语玫微笑着告诉他，传统的投资行业非常多样，至于未来投资什么行业更加赚钱，（2）。例如这里的软件市场适逢（3），餐饮业是吃出来的大市场，绿色农业风日益流行，投资者对医药行业（4）……可以说，（5）。杨语玫建议凯恩先做投资决策方案，凯恩欣然同意，在他看来，（6）。

（1）（　　）A. 急躁而不耐烦的
B. 耐心而细致的
C. 冷漠而麻木的
D. 野蛮而粗暴的

（2）（　　）A. 谁都不知道
B. 政府说了才算
C. 具体情况具体分析才是
D. 咨询公司有把握

（3）（　　）A. 滑铁卢
B. 竞争
C. 危机
D. 好时机

（4）（　　）A. 很看好
B. 不冷不热
C. 没有兴趣
D. 很厌恶

（5）（　　）A. 每个行业不过如此
B. 每个行业都有赚钱的机会
C. 每个行业都不怎么成功
D. 每个行业都在赔钱

（6）（　　）A. 不想做自己原来的行业
B. 做自己原来的行业再好不过
C. 什么都不太想做
D. 还没想好要做什么

6 根据文章内容选择正确答案

（1）“绿色农业”“绿色产业”指的是什么？（　　）

A. 绿颜色的农产品

B. 一家名叫“绿色”的农产品公司

C. 位于绿色这一地方的农业基地

D. 环保农业、产业的形象说法

（2）下列哪项不是文中所提的未来赚钱的行业？（　　）

A. 零售业

B. 教育产业

C. 机械制造业

D. 体育产业

（3）下列哪项不是“依我看”的相近意思？（　　）

A. 让我听

B. 照我看

C. 要我说

D. 我觉得

（4）“三句话不离本行”是什么意思？（　　）

A. 只能说出三句话

B. 三句话离不开银行

C. 总会谈到跟自己职业有关的话

D. 总是不停地在工作

（5）下列哪项不是深圳特色？（　　）

A. 光明乳鸽

B. 烤鸭

C. 荔枝

D. 晨光牛奶

六、阅读 Reading

优化营商环境吸引外资

2017年深圳出台（chūtái，to introduce）扩大外资专项措施，围绕降低外资准入（zhǔnrù，admittance）门槛、精准（jīngzhǔn，to accurate）扩大招商合作、提升外资发展质量、创造公平竞争环境等方面提出27条具体措施。同时，深圳实施改革创新降低准入门槛，优化（yōuhuà，optimize）营商环境，探索（tànsuǒ，to explore）事中、事后管理“深圳模式”，吸引更多外资。

深圳不遗余力（bùyíyúlì，to do one's best）优化营商环境，将进一步放宽外资准入限制。深圳将全面实行外资准入前国民待遇（dàiyù，treatment）加负面（fùmiàn，negative）清单管理制度，设立及变更（biàngēng，alteration）备案（bèiàn，to put on records）事项3个工作日内办理完成；配合商务部推进CEPA升级工作，先行先试对港澳进一步扩大开放；加大对外资先进制造业、现代服务业项目的支持和服务力度，对符合广东省财政奖励条件的项目予以全额配套奖励。

深圳开展“营商环境优化行动”，坚持稳定公平透明、可预期（yùqī，expect）原则，在提高政务效率、降低企业成本、优化企业服务等方面，加大工作力度，构建服务效率（xiàolǜ，efficiency）最高、管理最规范、市场最具活力、综合成本最佳的国际一流营商环境。

日益优化的营商环境，正在不断增强深圳创新创业活力，吸引更多外资投向这座“最具硅谷气质”的城市。

（1）深圳提出的进一步扩大利用外资规模，提升利用外资质量的措施主要围绕哪些方面？

____

（2）深圳优化营商环境后，设立及变更备案事项将多久可以办理完成？

____

（3）“最具硅谷气质”的城市指哪里？

____

Lesson Seven 第七课 这儿急需的是“千里马”

要点：
1. 借喻
2. 不但不……反而……
3. 名词前缀：非
4. 名词后缀：领
5. 像……这样（一样）
6. 也……也……
7. 新官上任三把火

一、生词 New Words and Expressions

字词音频

1	驾驶员	jiàshǐyuán	名词 n.	driver
2	掌握	zhǎngwò	动词 v.	to control; to grasp
3	方向盘	fāngxiàngpán	名词 n.	steering wheel
4	投资家	tóuzījiā	名词 n.	investor
5	指导	zhǐdǎo	动词 v.	to guide; to direct
6	关键	guānjiàn	形容词 adj.	crucial; key
7	发挥	fāhuī	动词 v.	to give full play
8	积极	jījí	形容词 adj.	positive; active
9	反作用	fǎnzuòyòng	名词 n.	retroaction
10	千里马	qiānlǐmǎ	名词 n.	a thorough-bred horse
11	创建	chuàngjiàn	动词 v.	to establish; to set up
12	执行官	zhíxíngguān	名词 n.	action officer
13	渴望	kěwàng	动词 v.	be eager for
14	本土	běntǔ	名词 n.	one's native country
15	战略	zhànlüè	名词 n.	strategy
16	未来	wèilái	名词 n.	future
17	揽才	lǎncái	动词 v.	to solicit talented person
18	招聘	zhāopìn	动词 v.	to recruit and employ
19	智力	zhìlì	名词 n.	intelligence
20	职位	zhíwèi	名词 n.	position; post
21	虚位以待	xūwèiyǐdài	成语 sph.	to leave a seat vacant for sb.
22	大厨	dàchú	名词 n.	chef
23	涵盖	hángài	动词 v.	to contain completely
24	金领	jīnlǐng	名词 n.	golden collar
25	蓝领	lánlǐng	名词 n.	blue collar

26	翘首以待	qiáoshǒuyǐdài	成语 sph.	to raise one's head and look forward to
27	互动	hùdòng	动词 v.	to act mutually
28	导向	dǎoxiàng	名词 n.	guide
29	单一	dānyī	形容词 adj.	single
30	悄然	qiāorán	形容词 adj.	quiet；silent
31	放弃	fàngqì	动词 v.	to give up；to abandon
32	优越	yōuyuè	形容词 adj.	superior；advantageous
33	只身	zhīshēn	副词 adv.	alone；by oneself
34	同行	tóngháng	名词 n.	a person of the same trade or occupation
35	大有人在	dàyǒurénzài	成语 sph.	there are plenty of such people
36	中坚	zhōngjiān	名词 n.	backbone
37	半导体	bàndǎotǐ	名词 n.	semiconductor
38	光电	guāngdiàn	名词 n.	photoelectricity
39	祝贺	zhùhè	动词 v.	to congratulate
40	升迁	shēngqiān	动词 v.	be transferred and promoted
41	店长	diànzhǎng	名词 n.	shop head
42	主管	zhǔguǎn	名词 n.	person in charge
43	瞄准	miáozhǔn	动词 v.	to aim at
44	冲刺	chōngcì	动词 v.	to make a spurt

1	迪肯斯	Díkěnsī	Dickens, a person's name
2	英国	Yīngguó	United Kingdom
3	百安居	Bǎiānjū	B&Q Co., Ltd.
4	维多利亚港	Wéiduōlìyà Gǎng	Victoria Harbour
5	香港会展中心	Xiānggǎng Huìzhǎn Zhōngxīn	Hong Kong Convention and Exhibition Centre
6	台湾	Táiwān	Taiwan

二、课文 Text

课文音频

这儿急需的是“千里马”

管理者就像驾驶员一样，掌握着企业的方向盘[1]。投资家就像驾驶员的教练一样，指导驾驶员怎么走，以什么样的速度走。因此他们是投资最关键的因素。没有这两种人才，其他因素不但不能发挥积极作用，有时反而[2]起反作用。外国公司希望中国有更多的“千里马”加入。来自美国硅谷的著名风险投资家迪肯斯先生曾说，这儿风险投资的首要问题是在创建和发展高新技术企业中缺乏有成功经验的项目经理和执行官。他渴望在深圳能寻找到本土战略伙伴。世界最大的非[3]食品专业零售投资集团之一——英国百安居公司进驻这儿以后，通过“未来经理项目”来保证100%发现人才，用好人才。中国则希望外面有更多的“千里马”来投奔深圳。例如政府到香港的揽才之行。8月8日，人才招聘与智力交流会在维多利亚港的香港会展中心举行。从招聘需求上看，有300多家单位报名参加招聘，3 600多个职位虚位以待，上至公司CEO，下至酒楼大厨，涵盖金领、白领、蓝领[4]。从求职情况来看，香港各界高度关注，翘首以待。深港人才互动，正由过去以民间层面、市场导向为主的单一方式，悄然转向以“政府行为+市场行为”两轮齐驱的方式。

三、会话 Dialogues

会话1音频

1 在台资公司

杨语玫：赵经理，你好！我是天问国际投资信息咨询公司的顾问。请问你为什么放弃台湾的优越生活，只身来这儿工作？

赵骏宇：这儿的生活也很优越嘛！不过，我来这儿是为了积累工作经验。

杨语玫：像你这样[5]的台湾同行多吗？

赵骏宇：大有人在。尤其是“六年级生”人，也就是20世纪70年代出生的人。

杨语玫：为什么？

赵骏宇：因为他们是台湾科技的中坚力量，近年来深感大陆的发展潜力最大，所以希望尽早拥有大陆工作经验。

杨语玫：主要是哪些行业的精英？

赵骏宇：有从事半导体、光电的，也有从事通信、生物科技、信息科技的，也有从事教育行业的[6]。大约有58.4%的人愿意赴大陆就业。

杨语玫：谢谢你接受我的采访！

会话2音频

2 在百安居南山分店

杨语玫：吕店长，你好！祝贺你升迁为店长。请问，我们可以了解“未来经理项目”的更多细节吗？

吕店长：好的。这个项目，其实就是培养百安居未来的商场经理。

杨语玫：这就是说，每个普通员工都有机会当经理？

吕店长：正是。部门主管可以瞄准部门经理的位置，部门经理可以瞄准门店店长的位置。

杨语玫：那门店店长呢？

吕店长：门店店长可以向商场总经理的位置冲刺。

杨语玫：新官上任三把火[7]，祝你的第一把火烧得旺旺的！

吕店长：谢谢！

四、要点注释 Notes to the Text

1 借喻

即被比喻的事物和比喻词都不出现，只出现喻体的句子。例如：

（1）改革开放以后，人们终于盼到生命的春天了。
（“春天”比喻光明与温暖的日子）
（2）大学四年，他勤奋学习，硕果累累。
（“硕果”比喻他在学业上的收获）
（3）打开记忆的大门，一幕幕往事浮现在他的眼前。
（“大门”比喻记忆的触动点）

2 不但不……反而……

这是反递句式，其前后分句之间既有递进关系，又有反转关系。例如：

（1）教育孩子要有正确的方法，用打骂的方法，他不但不会听父母的，反而会恨父母。

（2）他不但不会向困难低头，反而会充满自信地战胜困难。

（3）人生有失败不但不是件坏事，反而是培养一个人意志与能力的好事。

3 名词前缀：非

“非”是名词前缀，表示相反。例如：

非金属、非生命、非正义、非人道、非晶体、非生物、非导体

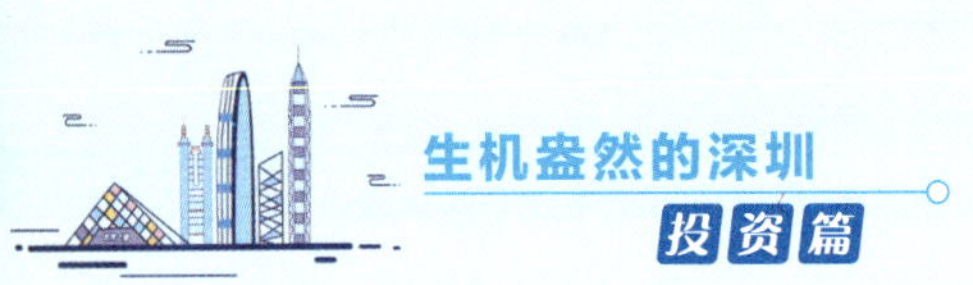

4 名词后缀：领

名词后加“领”，表示从事某类职业的人。例如：

（1）金领：从事脑力劳动，收入比白领要高的人。
（2）粉领：从事文秘工作的女性。
（3）灰领：从事文秘工作，收入较低的女性。
（4）蓝领：体力劳动者。

5 像……这样（一样）

不是比喻，而是表示两种情况比较起来差不多。例如：

（1）大学里像你这样刻苦的学生，实在不多见。
（2）我的孩子像你一样高。
（3）小芳的成绩像小丽一样好。

6 也……也……

表示两种情况相同或相关联。例如：

（1）我今天病了，饭也吃不好，觉也睡不香。
（2）你也别发火，我也别生气，咱们先冷静下来。

7 新官上任三把火

这是中国的一句俗语，意思是刚上任的管理者会有大的动作来把工作干得红红火火。

五、练习 Exercises

1 选词填空

（指导、指引　　渴望、希望　　悄然、悄悄）

（1）明亮的灯塔屹立在汪洋大海中＿＿＿＿＿迷失的船只。

（2）经过师傅的耐心＿＿＿＿＿，他们渐渐掌握了这门技术。

（3）小华＿＿＿＿＿着能有一台属于自己的电脑。

（4）我＿＿＿＿＿你能参加这次运动会。

（5）春天到了，小草＿＿＿＿＿地钻出地面。

（6）秋天终于按捺不住期待的心情，＿＿＿＿＿而至了。

2 造句

（1）不但不……反而……

＿＿＿＿＿＿＿＿＿＿＿＿＿＿＿＿＿＿＿＿＿＿＿＿＿＿＿＿＿＿

（2）像……一样（这样）

＿＿＿＿＿＿＿＿＿＿＿＿＿＿＿＿＿＿＿＿＿＿＿＿＿＿＿＿＿＿

（3）也……也……

＿＿＿＿＿＿＿＿＿＿＿＿＿＿＿＿＿＿＿＿＿＿＿＿＿＿＿＿＿＿

3 用指定的词语完成句子

（1）他平时不露声色，＿＿＿＿＿＿＿＿＿＿＿＿＿＿。（关键）

（2）任何事情做得过度了，＿＿＿＿＿＿＿＿＿＿＿＿。（反作用）

（3）人生总有一些不如意的事，＿＿＿＿＿＿＿＿＿＿。（积极）

（4）这次考试，＿＿＿＿＿＿＿＿＿＿＿＿＿＿＿＿＿。（发挥）

（5）只要有一点希望，＿＿＿＿＿＿＿＿＿＿＿＿＿＿。（放弃）

（6）他言谈举止不错，＿＿＿＿＿＿＿＿＿＿＿＿＿＿。（同行）

（7）听说她马上要结婚了，________________。（翘首以待）

（8）考试时间越来越近，________________。（冲刺）

4 成段表达

如果你是一家公司人力资源部门的管理人员，你会以什么样的方式来招揽人才？说一说你的方法，尽量用上以下词语。

（指导、关键、因素、发挥、积极、反作用、渴望、招聘、智力、揽才、职位、涵盖、单一、导向、中坚）

____

____

____

5 根据课文内容选择填空，完成概要重述

投资最（1）在于管理者和投资家，有了这两种人才，其他因素才能发挥（2）。美国著名的风险投资家迪肯斯先生认为，深圳风险投资的首要问题是处于（3）和发展时期的高新技术企业缺乏有成功经验的项目经理和执行官。英国百安居公司进驻这儿后，通过"未来经理项目"来发现人才，用好人才。

中国希望能引进更多的来自外面的人才，为此也采取了一些措施。例如，政府在香港的（4）之行。从招聘需求上看，上至公司CEO，下至酒楼大厨，有3 600多个（5）虚位以待。从求职供应来看，此次行动引起了香港各界的高度关注。深港（6）正悄然转向以"政府行为＋市场行为"两轮齐驱的模式。

（1）（　　）A．主要的方面

B．根本的环节

C．关键的因素

D．普遍的原因

（2）（ ）A. 消极影响
B. 积极作用
C. 一般作用
D. 重要影响

（3）（ ）A. 创立
B. 开拓
C. 树立
D. 开垦

（4）（ ）A. 揽才
B. 招聘
C. 招工
D. 聘请

（5）（ ）A. 空缺
B. 工作
C. 职业
D. 职位

（6）（ ）A. 人才互动
B. 人际交往
C. 人员往来
D. 人才交换

6 根据文章内容选择正确答案

（1）文中第一段中的“千里马”是什么意思？（ ）

A. 跑得快的马 B. 百年难得一遇的马 C. 投资者 D. 人才

（2）为什么少了管理者和投资家这两种人才，其他因素不但不能发挥积极作用，有时反而会起反作用？（ ）

A．因为公司少了这两种人才会无法运转

B．因为管理者就是驾驶员，投资家就是驾驶员的教练

C．因为只有管理者和投资家才是一个公司里最重要的两个角色

D．因为管理者掌控着企业运行的方向，而投资家起着指导管理者的作用

（3）以下哪项不属于非食品专业零售投资集团？（　　）

A．百安居　B．谭木匠　C．上海第一食品　D．晨光文具

（4）在香港会展中心举办的招聘与智力交流会引起了什么样的反响？（　　）

A．香港各界高度关注，翘首以盼

B．香港各界人士全部参与

C．香港群众纷纷前来围观

D．香港各界对此不为所动

的模式？（　　）

C．政府行为＋市场行为

D．多样化的导向

六、阅读 Reading

深圳外商投资呈现高端化

深圳良好的创新创业环境，吸引了大量外资企业前来“抢滩（qiǎngtān，to make beach landings）”。据统计，外商在深圳投资，呈现高端化（gāoduānhuà，premiumisation）趋势，从最初的加工贸易、来料加工，逐渐由更高一级的ODM（original design manufacturer）向设立研发中心转变。

目前，国际众多IT产业巨头（jùtóu，magnate）在深圳投资研发中心。其中，苹果公司看中深圳鼓励和支持创新创业的产业环境与完备的产业链（chǎnyèliàn，industry chain），在深圳设立研发中心。

正是强大的创新活力，令全球产业巨头看好深圳。截至2019年底，来自境外的世界500强企业累计有近300家向深圳投资。

跨国企业的存在，尤其是研发中心的存在，正改变着深圳及中国IT产业的格局和商业机会。目前，深圳早已是中国及全球IT产业重镇（zhòngzhèn，an important city），不仅有着众多的国际产业巨头，而且拥有华为、腾讯、中兴、比亚迪、大疆、华星光电等深圳本土企业。这些深圳本土企业在与国际产业巨头近距离的同台比拼（bǐpīn，to compete）中，不断壮大，进而通过良性（liángxìng，benign）的市场竞争，以高质量的产品和服务，进入更加广袤（guǎngmào，vast）的国际市场，提升深圳及中国企业的全球影响力。

问题

（1）深圳外商投资呈现何种趋势？表现在哪些方面？

____

（2）苹果公司在深圳设立研发中心的原因是什么？

____

（3）深圳著名的本土IT企业有哪些？

____

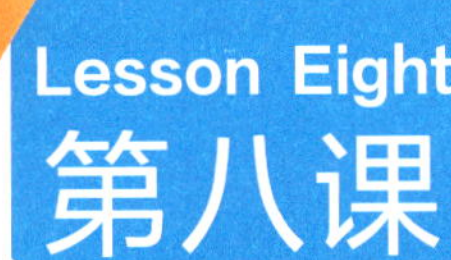

Lesson Eight

第八课　高科技产业

要点：

1. 存现句
2. 并列词组的复杂谓语
3. 这么一……就……
4. 经……
5. 就拿……来说
6. 副词：甚至
7. 酒香不怕巷子深

一、生词　New Words and Expressions

字词音频

1	致力	zhìlì	动词 v.	to force; to devote oneself to
2	产业带	chǎnyèdài	名词 n.	industrial zone
3	启动	qǐdòng	动词 v.	to initiate; to start
4	片区	piànqū	名词 n.	region; part of a place
5	生态	shēngtài	名词 n.	ecology
6	届时	jièshí	副词 adv.	at that time; in those days
7	主体	zhǔtǐ	名词 n.	main body
8	院校	yuànxiào	名词 n.	institute; college
9	依托	yītuō	名词 n.	rely on; depend on
10	开发	kāifā	动词 v.	to develop
11	体系	tǐxì	名词 n.	system
12	完备	wánbèi	形容词 adj.	complete
13	顺畅	shùnchàng	形容词 adj.	smooth
14	分工	fēngōng	名词 n.	division of labour
15	集	jí	动词 v.	to gather; to assemble
16	预见	yùjiàn	动词 v.	to predict; to foresee
17	投入	tóurù	动词 v.	to put into; to invest in
18	协商	xiéshāng	动词 v.	negotiate; consult
19	不无	bùwú	副词 adv.	not without
20	关系	guānxì	名词 n.	relation
21	代表团	dàibiǎotuán	名词 n.	delegation
22	参展商	cānzhǎnshāng	名词 n.	exhibitor
23	甚至	shènzhì	副词 adv.	even
24	经济学	jīngjìxué	名词 n.	economics

25	观光	guānguāng	动词 v.	to go sightseeing
26	发表	fābiǎo	动词 v.	to publish；to report
27	演说	yǎnshuō	名词 n.	speech
28	全球	quánqiú	名词 n.	whole world；global
29	媒体	méitǐ	名词 n.	medium；mass media
30	盛会	shènghuì	名词 n.	grand meeting
31	反映	fǎnyìng	动词 v.	to reflect；to reflex
32	巷子	xiàngzi	名词 n.	lane
33	省	shěng	名词 n.	province
34	自治区	zìzhìqū	名词 n.	autonomous region
35	举措	jǔcuò	名词 n.	behaviour；action
36	亮点	liàngdiǎn	名词 n.	spot；spot of light
37	新颖	xīnyǐng	形容词 adj.	new and novel
38	展位	zhǎnwèi	名词 n.	stand
39	搭建	dājiàn	动词 v.	to construct
40	综合	zōnghé	形容词 adj./ 动词 v.	synthetical；comprehensive；to synthesize
41	平台	píngtái	名词 n.	platform
42	热门	rèmén	形容词 adj.	hot

1	龙岗区	Lónggǎng Qū	Longgang District
2	葵涌	Kuíchōng	Kuichong, a town's name
3	华为	Huáwéi	Huawei Technologies Co., Ltd.
4	中兴	Zhōngxīng	ZTE Corporation
5	先科	Xiānkē	SAST Corporation
6	前海自贸区	Qiánhǎi Zìmàoqū	Qianhai Free Trade Zone
7	高交会	gāojiāohuì	Fair of Highscience Technology
8	深圳会展中心	Shēnzhèn Huìzhǎn Zhōngxīn	Shenzhen Exhibition and Convention Center
9	诺贝尔	Nuòbèi'ěr	Alfred Bernhand Nobel, a person's name

二、课文 Text

课文音频

高科技产业

致力于高科技产业投资的外国朋友，首先就想知道这儿的产业带在哪里。2001年7月，高新技术产业带建设正式启动。这个产业带西起南山区前海，东至龙岗区葵涌、大鹏，共有9个片区，此外还有一个大学片区和一个生态农业高新技术产业片区，主要分布着[1]电子信息、生物医药、光机电一体化、人工智能、互联网+、5G现代农业等高新技术产业以及大型先进制造业。产业带如今已经建设成功，届时将基本实现建设高新科技城市的战略目标。

目前，这儿已建立了以市场为导向，以企业为主体，以国内高等院校和科研所为依托的高新科技研究开发体系，拥有华为、中兴、华强集团、腾讯等9家国家级技术中心，先科、区块链（深圳）研发中心等16家市级技术中心，绝大多数研究开发机构属于企业创办，90%的研究开发人员集中在企业。与此同时，外商资本也进入这儿的高新技术研究开发领域，现有外商投资研发中心近100家。

未来的深圳高新技术产业带功能完备，交通顺畅，通信发达[2]，区间分工合理，集高新科技研发、产业化和高等教育为一体，在硬件和软件建设两个方面日趋完善。可以预见，这么一来，越来越多的外商就[3]会把他们的资金投入到深圳的高科技产业上来。

深圳前海自贸区于2015年挂牌成立，是中国（广东）自由贸易试验区的一部分。截至2019年末，前海自贸区累计注册企业达16.26万家，累计注册资本达9.48万亿元。

三、会话 Dialogues

会话1音频

1 在贵宾室

劳伦斯：这里什么时候开始举办高交会的？

楚云舒：经[4]国家相关部门和市政府联合协商，自1999年起，每年的十月份在深圳会展中心举办。

劳伦斯：深圳的名气越来越大了，跟这个高交会不无关系吧？

楚云舒：关系大着呢。就拿2012年的第十四届高交会来说[5]吧，全世界90个国家和地区的88个代表团，3 691家参展商和1 124家国内投资商参加了这届高交会，甚至[6]数位诺贝尔经济学奖获奖者也前来观光并发表演说，全球媒体都及时报道了这一世界性的科技盛会。

劳伦斯：国内对高交会的反映怎么样？

楚云舒：过去是“酒香不怕巷子深[7]”，现在可不同了，所有的省、自治区、直辖市、计划单列市以及大部分重点大学都组团参加，你想想，它的影响有多大！

会话2音频

2 在贵宾室

迪肯斯：王先生，你知道今年的高交会有什么新举措吗？

王　峻：有三个亮点。第一个亮点是高精尖产品云集，引领行业和技术风向标。

迪肯斯：这个提法很新颖，仔细说说看。

王　峻：今年的高交会展览总面积达14.2万平方米，共3 349个展位，搭建了国际性、综合性、大规模的平台，带来了5G商用、自主驾驶导航技术、5G+VR+4K智慧应用、实时翻译耳机、智能交通等一大批高精尖产品和技术，引领高新技术风向标。

迪肯斯：国际展商参展情况怎么样？

王　峻：线下24个、线上29个国家和国际组织，共109个团组参展今年的高交会。

迪肯斯：第二个亮点呢？

王　峻：融合多方创新资源，打造高新技术产业创新生态圈。本届高交会参展商包括投资机构、海内外科研机构、高效和创新中心等，设置了初创企业科技展、创客展、高技术服务展等展区，开展了项目融资培训、路演等系列交易促进活动。

迪肯斯：最后一个亮点呢？

王　峻：智慧城市成为热门话题。

四、要点注释 Notes to the Text

1 存现句

存现句是说明人或事物存在、出现或消失的句式，基本格式为：某处存在着（出现了/消失了）某人、某物。例如：

（1）班上来了一位新同学。
（2）学校里开进了一辆车。
（3）树上掉下一个苹果。
（4）天空中的月亮不见了。

2 并列词组的复杂谓语

指一个句子的谓语由若干个并列词组构成，例如：

（1）她长相漂亮，心地善良，为人和气。
（2）我的家乡山青、水绿、天蓝、人美。
（3）猴子搔头、弄耳、挤眼、摇手，显得很可爱。

3 这么一……就……

这是情态强调句式，一般前面有句子，“这么”指代和统括特定的情况状态，所指的具体内容指到上文。情态强调句式通常指已经发生的事实，“这么一……”和“就”之间具有因果联系。例如：

（1）妈妈本来很生气，我这么一解释，她的气也就消了。

（2）老师讲着讲着唱起歌来了，这么一唱，课堂上的气氛就变得活跃起来了。

（3）明明进屋就打扫，这么一收拾，屋子就变得又宽敞又明亮了。

4 经……

表示过程或手续，多用于连动句或复句的前一小句，是书面语。例如：

（1）经再三催促，他才说出了实情。

（2）经反复考虑，我决定报名。

（3）经核对，公司的账是准确无误的。

5 就拿……来说

表示举个例子。例如：

（1）要有接受事实的勇气，就拿球队这次输球来说吧，光痛心没有用，要接受现实，重新再来。

（2）文化对每个产业都很重要，就拿美容行业来说吧，没有文化信念的美容行业生命力是不长久的。

（3）市政府给外国人提供多项便利，就拿交通方面来说，就采取了有力措施。

6 副词：甚至

强调突出的事例，后面常用“都”或“也”配合，有时可以放在主语前。例如：

（1）在城市，在农村，甚至是在很偏远的山区，都流传着这个动人的传说。

（2）我们这儿，老人，中年人，年轻人，甚至小孩都爱看他的表演。

（3）他从星期一到星期六都在工作，甚至星期天也在忙。

7 酒香不怕巷子深

这是中国的一句俗语，意思是只要有实力、有优势，不怕不被人知道。

五、练习 Exercises

1 选词填空

（致力、努力　　预见、预料　　举措、举动）

（1）老师一生__________于民间文学资料的搜集和整理，取得了丰硕的成果。

（2）让我们共同__________，把美好的理想变成现实。

（3）这两幅作品各有千秋，谁能获奖很难__________。

（4）真正的智慧不仅在于能明察眼前，而且还能__________未来。

（5）他轻率的__________，令众人感到惊讶！

（6）这些__________的好处并不会立即显现。

2 造句

（1）这么一……就……

____

（2）经……

____

（3）就拿……来说

____

3 用指定的词语完成句子

（1）________________他频频招手向我告别。（启动）

（2）这个地区滥伐森林，________________。（生态）

（3）回忆前几年，处处都磕磕碰碰的，________________。（顺畅）

（4）________________，又要互相配合。（分工）

（5）老师讲课声音很大，________________。（甚至）

（6）________________，震慑住了在座的人们。（演说）

（7）社会上多的是颠倒黑白的人，________________。（媒体）

（8）这件作品独具匠心，________________。（新颖）

4 成段表达

如果你想要在国内高科技产业投资，那么具体要怎么做呢？说一说你的具体措施，尽量用上以下词语。

（致力、产业带、导向、主体、生态、院校、依托、开发、分工、投入、全球、媒体、举措、新颖、展位、搭建、综合、平台、亮点）

____

____

____

5 根据课文内容选择填空，完成概要重述

想要在深圳投资高科技产业的外国友人，首先要知道的是这儿的（1）在哪一块。于2001年（2）的高新技术产业带共有9个片区，此外还有一个大学片区和一个生态农业高新技术产业片区。产业带将在20年内建设完毕，届时将基本实现建设高新科技城市的（3）。

目前，深圳已经建立了（4），以国内高等院校和科研所为依托的高新科技研究开发体系。另外，（5）也进入深圳的高新技术研究开发领域。

可以预见的是，未来深圳的高新技术产业带将会功能完备，（6），区间分工合理，集高新科技研发、产业化和高等教育为一体，在硬件、软件建设两方面日趋完善。

（1）（　　）A. 商业中心
B. 产业带
C. 产业链
D. 科技园

（2）（　　）A. 正式启动建设
B. 已经建设完毕
C. 批准建设
D. 非正式建设

（3）（　　）A. 产业目标
B. 战略目标
C. 理想目标
D. 战略标准

（4）（　　）A. 以发展为导向，以人民为主体

B. 以市场为导向，以事业单位为主体

C. 以市场为导向，以企业为主体

D. 以政府为导向，以企业为主体

（5）（　　）A. 公有资本

B. 私有资本

C. 个人财产

D. 外商资本

（6）（　　）A. 通信顺畅

B. 交通顺畅

C. 通信发达

D. 交通便利

6 根据文章内容选择正确答案

（1）深圳的高新技术产业带于何时正式启动？（　　）

A. 2001年9月　B. 2001年6月　C. 2001年7月　D. 2001年5月

（2）以下哪一项不在高新技术产业片区的范畴内？（　　）

A. 生物医药

B. 光机电一体化

C. 新材料新能源产业

D. 高分子材料

（3）先科属于哪一个级别的技术中心？（　　）

A. 国家级技术中心

B. 省级技术中心

C. 市级技术中心

D. 区级技术中心

（4）深圳现有外商投资研发中心多少家？（　　）

A. 70多家　B. 60多家　C. 80多家　D. 近100家

（5）为什么越来越多的外商会把资金投入到深圳的高科技产业上来？（　　）

A. 因为未来深圳的高新技术产业带具有区间分工合理，软硬件建设完善等优势

B. 因为深圳的高新技术产业带具有无限大的发展潜力

C. 因为国外的高新技术产业带日趋衰败

D. 因为政府会给予来深圳高新技术产业带投资的外商更多的便利

六、阅读 Reading

外国朋友深圳实现创业梦

深圳的创业气氛之浓，不仅仅体现在"海归"的创业热情上。每年都能在高交会展馆内碰面的几个外国小伙，也把深圳当成了自己创业的乐土。

南非人维里埃已是第5次参加高交会了，他在展馆里迈开长腿来回逛，寻找心仪的电子产品。维里埃人称"阿维"，今年33岁，来深圳已经快6年了。6年前被本国一家进出口公司派驻深圳后，阿维很快在深圳开了自己的贸易公司，对南非及中东地区出口智能手机、无线耳机等消费类电子产品，赚了不少钱。阿维最愿意和记者聊自己一个人来深圳创业的故事。他说："我的创业是从高交会开始的。"

阿维的公司2015年刚成立时主要做手机业务。他参加了当年的高交会，仔细挑选后，他和深圳一家手机制造企业达成了合作意向。厂家开发了产品英文版本以供非洲市场。阿维回南非找到了两家大的电器经销商，以中国产品的物美价廉打开了非洲的市场。公司第二年就有了上百万美元的盈利。公司稳定发展后，阿维在高交会上又找到了一家海南的公司和一家浙江的企业，向非洲出口电子安防产品。这两年无线耳机在非洲很热门，阿维也接了不少这方面的订单。2019年，他的公司又找到了中东市场的渠道，规模逐年扩大。阿维每年都在高交会发现新的产品，公司的销售每年增长40%以上。

回忆起当年刚来深圳的情形，他觉得很是好笑，“当时请了个保姆，我们语言不通，两个多月连彼此的名字都不知道”。阿维现在是个典型的“深圳通”了，汉语流利，对道路也很熟悉。龙岗、宝安的很多地方他甚至比本地人还清楚。

（1）维里埃为什么说“我的创业是从高交会开始的”？

（2）维里埃的公司是怎么发展起来的？

（3）为什么说维里埃现在是“深圳通”了？

Lesson Nine 第九课 特区中的特区

要点：

1. 歧义结构
2. 比……还要……
3. 区别词后缀：型
4. 连词：以至于
5. 如……又如……
6. 功夫不负有心人

字词音频

一、生词 New Words and Expressions

1	详细	xiángxì	形容词 adj.	detailed
2	讲解	jiǎngjiě	动词 v.	to explain
3	顾名思义	gùmíngsīyì	成语 sph.	just as its name implies
4	政治	zhèngzhì	名词 n.	politics
5	区域	qūyù	名词 n.	area; region
6	组建	zǔjiàn	动词 v.	to organize; to form
7	管理局	guǎnlǐjú	名词 n.	administration; authority
8	统管	tǒngguǎn	动词 v.	administer wholly; govern wholly
9	税收	shuìshōu	名词 n.	tax revenue
10	外向型	wàixiàngxíng	形容词 adj.	export-oriented
11	转口	zhuǎnkǒu	动词 v.	to transit; to entrepot
12	第三产业	dìsānchǎnyè	词组 wg.	tertiary industry
13	下设	xiàshè	动词 v.	to set up underneath
14	全方位	quánfāngwèi	词组 wg.	omnibearing on every side
15	便捷	biànjié	形容词 adj.	convenient and fast
16	物流	wùliú	名词 n.	logisti
17	迅速	xùnsù	形容词 adj.	rapid; swift; speedy
18	发展	fāzhǎn	动词 v.	to develop
19	沃壤	wòrǎng	名词 n.	rich soil
20	快速	kuàisù	形容词 adj.	high-speed; speedy
21	招商	zhāoshāng	动词 v.	to attract business and merchants
22	以至于	yǐzhìyú	连词 con.	so that; with the result that
23	配送	pèisòng	动词 v.	to distribute
24	产值	chǎnzhí	名词 n.	value of output
25	同比	tóngbǐ	名词 n.	on year-on-year basis

26	外销	wàixiāo	动词 v.	to sell abroad
27	优势	yōushì	名词 n.	superiority; advantage
28	办妥	bàntuǒ	动词 v.	to settle already
29	免得	miǎnde	连词 con.	so as not to
30	写字楼	xiězìlóu	名词 n.	office building
31	厂房	chǎngfáng	名词 n.	workshop; plant building
32	水电	shuǐdiàn	名词 n.	hydropower
33	代理	dàilǐ	动词 v.	to act as agent
34	报关	bàoguān	动词 v.	to declare sth. at the customs
35	异地	yìdì	名词 n.	place other than one's own hometown
36	促	cù	动词 v.	to urge; to promote
37	带动	dàidòng	动词 v.	to lead; to bring along
38	真心	zhēnxīn	名词 n.	true intention
39	诚心	chéngxīn	名词 n.	sincere desire
40	信心	xìnxīn	名词 n.	confidence; faith
41	心悦诚服	xīnyuèchéngfú	成语 sph.	to be completely convinced
42	心甘情愿	xīngānqíngyuàn	成语 sph.	to be most willing to
43	功夫	gōngfu	名词 n.	ability and hardworking
44	负	fù	动词 v.	to fail to live up to

1	赛意法	Sàiyìfǎ	ST Microelectronics Co., Ltd.
2	英菲利特	Yīngfēilìtè	Infinity Co., Ltd.
3	日通物流	Rìtōng Wùliú	Nippon Express Co., Ltd.
4	深圳招商网	Shēnzhèn Zhāoshāngwǎng	Shenzhen Merchants Network
5	深圳商旅网	Shēnzhèn Shānglǚwǎng	Shenzhen Business Travel Network
6	深圳之窗	Shēnzhèn zhī Chuāng	Window of the World

二、课文 Text

课文音频

特区中的特区

以前，你听说过“特区中的特区”[1]吗？很多外国朋友也不明白，天问国际投资信息咨询公司向他们作了详细的讲解。“特区中的特区”，顾名思义，就是在政治上、经济上比经济特区还要[2]开放、自由的区域，保税区就是这儿“特区中的特区”。前期市政府组建保税区管理局，统管福田、沙头角和盐田港的三个保税区。2019年2月，深圳市商务局正式挂牌运作，承接保税区管理职责。

保税区在金融税收上对外资企业实行优惠政策，主要发展先进的外向型[3]工业、国际贸易、转口贸易、仓储、高新技术产业以及第三产业经济。管理局下设三个服务中心，为保税区内企业提供全方位便捷服务。良好的投资环境使这儿成为吸引外资的宝地，也成为物流业迅速发展的沃壤。近年来，国家对进出口经营权放宽，保税区有250多家企业获得进出口经营许可权。快速、高效的通关环境，也为进出口贸易提供了有力的保障。

2004年以来，市保税区采取“以商促商”“以情招商”“网上招商”等方式，以至于[4]半年时间就引进物流企业和高新技术企业64家。目前进驻这儿的企业达1 309家，世界500强23家，拥有物流企业130家，物流配送商品达2万余种，实现工业总产值315亿元，同比增长27.9%。

三、会话 Dialogues

会话1音频

1 在会议室

米　罗：保税区有哪些特别的地方呢？

杨语玫：它的最大特点就是外向型，主要发展向外型产业经济，因此保税区内外资企业占大多数，如赛意法、英菲利特、日通物流等，产品主要出口外销。

米　罗：那么它的更开放、更自由表现在哪些地方呢？是不是在税收上给予区内企业更大的优惠？

杨语玫：是的，但它的优势主要表现在政府所提供的配套服务上。

米　罗：可以说具体一点吗？

杨语玫：如投资立项在保税区内办妥，免得企业为跑审批手续花费大量的时间；又如[5]为保税区内企业提供写字楼、厂房、员工宿舍、水电、员工招聘、运输、仓储、代理报关等服务。

米　罗：这可为在异地的大公司省去了很多麻烦。

杨语玫：随着深圳经济的迅速发展，这种“特区中的特区”会越来越多的！

会话2音频

2 在会议室

凯　瑞：请问，什么是以商促商？

杨语玫：以商促商就是以主要投资性产业带动其他产业，如物流业、零售业、房地产业及其他第三产业等。

凯　瑞：以情招商呢？

杨语玫：就是以真心、诚心、信心、耐心打动外商，让他们心悦诚服、心甘情愿地来这儿投资。

凯　瑞：以网招商呢？

杨语玫：这儿有“深圳招商网”“深圳商旅网”“深圳之窗”，运用先进的网络技术能更快、更广、更好地招商。

凯　瑞：功夫不负有心人[6]，你们这“三招”一定会产生奇效的！

杨语玫：欢迎来这儿投资！

四、要点注释 Notes to the Text

1 歧义结构

在语言交际过程中，一个词、词组或句子，有时会含有两个或两个以上的意义，这就是语言的歧义现象。只有联系上下文，在具体的语境中，才能消除这种歧义。例如：

（1）这件事，他说不好。

（a）这件事，他说不是件好事。
（b）这件事，由他说不合适。
（c）这件事，他说不准。

（2）老王和我俩的同学。

（a）老王和我与老王的同学。
（b）老王和我们俩的同学（对老王以外的另一个人说）。

2 比……还要……

将甲与乙进行比较，表示甲在某一方面程度比乙更加深。例如：

（1）说到这个问题，他的理解**比**你**还要**深。
（2）他唱歌**比**专业歌唱家唱得**还要**好。
（3）小明考试没考好，妈妈**比**小明**还要**着急呢！

3 区别词后缀：型

区别词后面加上词缀“型”，表示“……类型的人、事或物”，例如：

大**型**、小**型**、中**型**、外向**型**、微**型**

4 连词：以至于

表示由上文所说的情况而产生的结果。例如：

（1）科技发展得这样快，以至于很多人都感到要重新学习。
（2）天气变得这么冷，以至于爱美的女士都穿起了冬天的厚衣服。
（3）十年不见，家乡变化真大，以至于我都快认不出来了。

5 如……又如……

表示列举两个例子。例如：

（1）每天做适当的运动对身体有好处，如早上跑跑步，又如晚饭后散散步等。

（2）让你的钱会赚钱，办法可多了，如买房子保值，又如投资股票。

（3）暑假期间可带孩子做一些有意义的事情，如去旅游，又如和孩子一起上图书馆。

6 功夫不负有心人

这是中国的一句俗语（谚语），它告诉人们只要勤奋、认真地对待所做的事，就一定能做好这件事情。它说明事情的成功，在于肯付出辛勤的劳动。

五、练习 Exercises

1 选词填空

（详细、详备　　优势、优点　　迅速、快速）

（1）关于"特区中的特区"，天问国际投资信息咨询公司作了______的解释。

（2）有关创业的介绍，相关研究与工具书籍已颇为______。

（3）成功的创业者身上有许多______值得我们学习。

（4）保税区的______主要表现在政府所提供的配套服务上。

（5）国民经济______、健康地发展，说明我们采取的方针政策是正确的。

（6）保税区成为外资企业______发展的沃壤。

2 造句

（1）比……还要……

____

（2）如……又如……

____

3 用指定的词语完成句子

（1）深圳为创业者提供了____________________。（全方位）

（2）"特区中的特区"，顾名思义，就是____________。（区域）

（3）这个问题终于得到圆满解决，____________。（心悦诚服）

（4）____________________，可以实现在网上招商。（网络）

（5）保税区管理局是由________________________。（组建）

（6）外商____________________在保税区投资。（心甘情愿）

（7）政府的政策有________，吸引了许多投资商来深圳投资。（奇效）

（8）由于时间仓促，________________________。（以至于）

4 成段表达

通过对以上内容的学习，你了解“特区中的特区”吗？你对此有什么深刻的感受？请谈一谈，尽量用上以下词语。

（详细、统管、税收、外向型、发展、便捷、出口、优势、办妥、代理、促、带动）

____

____

____

5 根据课文内容选择填空，完成概要重述

“特区中的特区”——保税区，指的是在（1）、经济上比经济特区更开放、更自由的（2）。深圳市政府最初组建的保税区管理局，（3）福田、沙头角和盐田港的三个保税区。

保税区主要发展先进的外向型工业、国际贸易、高新技术产业以及（4）经济，在保税区开设的外资企业可享受税收优惠政策。隶属于管理局的三个服务中心为保税区内的企业提供优质服务，协助多家企业获得进出口经营许可权。快速、高效的通关环境，也为（5）贸易提供了便利。

深圳市保税区采取“以商（6）商”“以情招商”“网上招商”的方式，短时间内引进了多家物流企业和高新技术企业。

（1）（　　）A. 政治上
B. 思想上
C. 氛围上
D. 文化上

（2）（　　）A. 地方
B. 范围
C. 地域
D. 区域
（3）（　　）A. 总管
B. 管理
C. 统管
D. 代理
（4）（　　）A. 第一产业
B. 第二产业
C. 第三产业
D. 第四产业
（5）（　　）A. 进出口
B. 进口
C. 出口
D. 外销
（6）（　　）A. 招
B. 促
C. 引
D. 拉

6 根据文章内容选择正确答案

（1）以下选项中哪一项不属于保税区管理局统管？（　　）
A. 福田　B. 沙头角　C. 大鹏新区　D. 盐田港
（2）保税区最大的特点是：（　　）。
A. 内向型
B. 主要发展向外型产业经济
C. 有政府提供的便利
D. 更自由、更开放

（3）保税区的优势主要体现在：（　　）。

A. 政府提供的配套服务

B. 租金便宜

C. 劳动力充足

D. 高级人才多

（4）以下哪个选项不属于“三招”？（　　）

A. 以商促商　B. 以情招商　C. 网上招商　D. 以钱招商

（5）“功夫不负有心人”的意思是：（　　）。

A. 只要有心，一定能学会功夫

B. 有心人的功夫都很好

C. 学会了功夫就能变成有心人

D. 只要勤奋、认真地对待所做的事，就一定能做好这件事情

六、阅读 Reading

特区中的特区，特在何处？

在寸土寸金（cùntǔ cùnjīn，an inch of land values an inch of gold）的深圳，15平方公里的前海均是填海造地（tiánhǎi zàodì，marine reclamation land）而成。面积不大，但位置显著：位于深圳南山半岛西部，紧临香港国际机场和深圳机场两大空港。从前海出发，10分钟内可抵达深港两地机场，半小时内可抵达香港中环。

挂牌成立前海蛇口自贸区5年来，前海从一张白纸开始，如今已成为我国发展最快、效益最好的区域，再次让世人见识了改革开放的深圳速度。沧海（cānghǎi，the sea）变桑田（sāngtián，cropland），这片有“特区中的特区”之称的土地，究竟独特在何处？

无论是创新治理体系还是改革管理方式，前海快速发展的秘诀（mìjué，magic code）都离不开“创新”二字。“以制度创新为核心，以防范（fángfàn，to keep away）风险为底线（dǐxiàn，baseline），大胆试、大胆闯、自主改。”这既是中国40年改革开放的经验，也是新时代中国特色社会主义思想指引下，前海能够实现“一年一个样”发展变化的底气（dǐqì，confidence; strength and momentum）。

事实上，前海的价值绝不仅在于创造多少GDP和税收，而是探索现代服务业发展的新机制、转型（zhuǎnxíng，transformation）发展的新模式及深港合作的新路径，打造中国新一轮改革开放的“试验田（shìyàntián，experimental field）”和“桥头堡（qiáotóubǎo，bridge tower）”，成为世界观察中国发展的“新窗口”。

（1）现在从深圳去香港有几种途径？

____

（2）前海自贸区的优势有哪些？

____

（3）请结合文章，为前海自贸区写一则招商广告。

____

Lesson Ten 第十课 外资零售业：做蛋糕，还是添筷子？

要点：
1 副词：似乎
2 洋超市
3 连词：哪怕
4 比起……来
5 结构助词：所
6 萝卜青菜，各有所爱

字词音频

一、生词 New Words and Expressions

1	添	tiān	动词 v.	to add; to increase
2	筷子	kuàizi	名词 n.	chopsticks
3	耳熟能详	ěrshúnéngxiáng	成语 sph.	for having heard it many times
4	似乎	sìhū	副词 adv.	it seems; as if
5	哪怕	nǎpà	连词 con.	even if; even though
6	抽空	chōukòng	动词 v.	to manage to find time
7	名品	míngpǐn	名词 n.	famous commodity
8	折价	zhéjià	动词 v.	to sell at cut-rate price
9	模式	móshì	名词 n.	model; pattern
10	逐步	zhúbù	副词 adv.	step by step; gradually
11	如鱼得水	rúyúdéshuǐ	成语 sph.	to feel just like a fish in water
12	港资	gǎngzī	名词 n.	investment of Hong Kong
13	重兵	zhòngbīng	名词 n.	massive forces
14	屯集	túnjí	动词 v.	to gather; to assemble
15	饱和	bǎohé	形容词 adj.	saturated
16	抢	qiǎng	动词 v.	vie for; scramble for
17	最初	zuìchū	形容词 adj.	prime; initial
18	当地	dāngdì	名词 n.	in the locality; local
19	内资	nèizī	名词 n.	internal investment; domestic capital
20	销售额	xiāoshòué	名词 n.	sales volume
21	随后	suíhòu	副词 adv.	soon afterwards
22	平等	píngděng	形容词 adj.	equal
23	良性	liángxìng	形容词 adj.	benign
24	大力	dàlì	副词 adv.	energetically; vigorously
25	双赢	shuāngyíng	动词 v.	to get win-win

26	打败	dǎbài	动词 v.	to defeat
27	采办	cǎibàn	动词 v.	to buy on a considerable scale
28	累计	lěijì	动词 v.	to accumulate
29	内地	nèidì	名词 n.	inland
30	一年半载	yīniánbànzǎi	成语 sph.	a year or so
31	兴旺	xīngwàng	形容词 adj.	prosperous; flourishing
32	恐怕	kǒngpà	副词 adv.	I'm afraid; perhaps
33	不及	bùjí	动词 v.	to be not as good as
34	街区	jiēqū	名词 n.	block
35	底蕴	dǐyùn	名词 n.	inside information
36	店铺	diànpù	名词 n.	shop; store
37	装饰	zhuāngshì	名词 n.	decoration
38	古色古香	gǔsègǔxiāng	成语 sph.	be of antique beauty
39	牌楼	páilou	名词 n.	decorated archway
40	披红挂绿	pīhóngguàlǜ	成语 sph.	red and green
41	勾起	gōuqǐ	动词 v.	arouse
42	妙处	miàochù	名词 n.	the beauty of it
43	萝卜	luóbo	名词 n.	turnip
44	青菜	qīngcài	名词 n.	green vegetables

1	万佳	Wànjiā	ST Microelectronics Co., Ltd.
2	天虹	Tiānhóng	Rainbow Shopping Mall
3	岁宝百货	Suìbǎo Bǎihuò	Shirble Plaza Co., Ltd.
4	珠江	Zhūjiāng	The Pear River
5	广东	Guǎngdōng	Guangdong Province
6	海珠区	Hǎizhū Qū	Haizhu District
7	山姆会员商店	Shānmǔ Huìyuán Shāngdiàn	Sam's Club
8	银座	Yínzuò	Tokyo-Ginza

二、课文 Text

课文音频

外资零售业：做蛋糕，还是添筷子？

老深圳们对万佳、天虹、岁宝百货、华润等大型百货公司耳熟能详，但现在的年轻人似乎[1]对家乐福、沃尔玛、麦德龙等洋超市[2]情有独钟。他们喜欢那儿的气氛，哪怕[3]不购物，他们每个星期都会抽空去逛逛。美国一家名品折价公司也进入宝安。“超市进百货，百货超市化”成了国内外零售业发展的新模式。

随着国家逐步取消了对外资商业企业在地域、数量、股权比例和经营方式等方面的限制，外资零售业更加如鱼得水。据相关报道，“外资”“台资”“港资”各路零售大军正重兵屯集珠江之南的广东海珠区。

曾经有人表示担心：市场已经饱和，再来这么多外商，他们是来做蛋糕的，还是来添筷子抢饭吃的？市政府关于沃尔玛进入市场的影响所做的跟踪调查表明，在它开业的最初几个月，当地大型内资企业的销售额下降了5%，但随后都出现了销售增长，有的商场营业额甚至增长了25%。其实，不论是国外企业还是中国企业，机会都是平等的，良性竞争会使竞争伙伴大力提高服务水平，最终达到“双赢”。一个企业不可能被对手打败，只可能被自己打败。

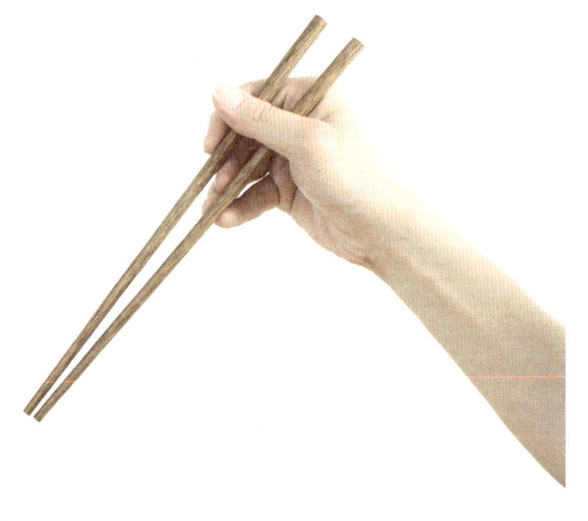

三、会话 Dialogues

会话1音频

1 在会议室

小田浩一：沃尔玛公司的历史，你很熟悉吧？

王　　峻：喔，这个公司已有近60年的历史，目前在全球开设了10 000多家商场，已经成为世界最大的连锁零售商。

小田浩一：它什么时候到这儿来的？

王　　峻：1996年，沃尔玛选择这儿开设了国内第一家购物广场和山姆会员商店。2002年2月，沃尔玛全球采办在这儿正式成立，成立后短短两年时间累计采购量超过240亿美元。

小田浩一：这几年发展得怎么样？

王　　峻：2019年3月，沃尔玛中国首个按照国际领先标准定制化设计建造的配送中心——华南生鲜配送中心投入使用，该项目投资超过7亿元人民币，是沃尔玛进入中国23年以来最大单笔投资。

小田浩一：光在这儿办吗？

王　　峻：如今，沃尔玛已走向全中国，在内地170多个城市开设了400家商场、21家配送中心。

会话2音频

2 在公共汽车上

金大贤：你去过东门市场吗？

佐　藤：凡是在这儿待上一年半载的人，谁不去逛逛那儿呀？

金大贤：我觉得东门远不能和东京的银座相比。

佐　藤：从商业兴旺这个角度来看，它比起银座来[4]，恐怕也有过之而无不及吧！

金大贤：依我看，像东门或银座这样的商业街区，总会保留一些市民文化底蕴，比如建筑物、店铺的装饰特色等。

佐　藤：是啊，在东门，你能看到古色古香的牌楼以及披红挂绿的古榕树，这些东西都能勾起游人们一种特殊的遐想。

金大贤：你认为超市会逐步替代商业街区吗？

佐　藤：我看不可能，超市有超市的优点，商业街区有商业街区的妙处，萝卜青菜，各有所[5]爱[6]嘛！

四、要点注释 Notes to the Text

1 副词：似乎

表示猜测，有“好像”“可能”的意思，经常作状语。例如：

（1）我跟他打招呼，他似乎没听见似的。
（2）看他的脸色，似乎是病了。
（3）这个学生似乎什么都知道。

2 洋超市

“洋”是个有实在意义的名词类前缀。意思是：外国的。例如：

洋火、洋面、洋人、洋灰、洋钱、洋车

3 连词：哪怕

表示假设兼让步。后边多用“都”“也”“还”呼应。例如：

（1）哪怕天气不好也要上学。
（2）哪怕再忙再累，妈妈也会抽时间出来陪孩子玩。
（3）哪怕群众的意见不对，也要仔细听。

4 比起……来

表示拿一件事、物或人跟另外的事、物或人相比较。例如：

（1）他的个子比起你来，矮多了。
（2）深圳的冬天比起韩国的冬天来，暖和多了。
（3）小张的成绩比起小吕来，差远了。

5 结构助词：所

结构助词“所”放在动词前，构成名词性词组。例如：

所爱、所想、所为、所做、所获、所得、所思

6 萝卜青菜，各有所爱

这是中国的一句俗语，意思是每个人都有自己的爱好，会喜欢不同的东西。

五、练习 Exercises

1 选词填空

（似乎、似的　　模式、形式　　最初、当初）

（1）他________在阅读上已经失去了热情，对书本不再感兴趣。

（2）学习要像滚雪球________，日积月累，才能学有所成。

（3）如果只从________上学习别人的经验，忽视自身优势，一定不会成功。

（4）这家工厂的经营________因循守旧，难有作为。

（5）沃尔玛开业的________几个月，吸引了大量年轻人。

（6）________深圳只是一个小渔村，现在变成了经济发达的城市。

2 造句

（1）哪怕

____

（2）比起……来

____

3 用指定的词语完成句子

（1）失败乃成功之母，________________。（耳熟能详）

（2）现在的年轻人虽然都很忙碌，但也会________。（抽空）

（3）这样的制度对那些有能力成功的人来说__________。（如鱼得水）

（4）各路商人正________________________。（屯集）

（5）你们先走一步，我____________________。（随后）

（6）就零售业而言，市场__________________。（饱和）

（7）__________提高服务水平，才能提升竞争能力。（大力）

（8）______________来到这座城市的人，都会被它的魅力所征服。（凡是）

4 成段表达

你最喜欢逛的大型百货公司是哪一家？你对外资零售业有什么新的认识？请谈一谈，尽量用上以下词语。

（港资、抢、当地、内资、平等、良性、双赢、兴旺、恐怕、街区、店铺、妙处）

____

____

____

____

5 根据课文内容选择填空，完成概要重述

比起早期的大型百货公司，深圳的年轻人更乐意逛麦德龙、家乐福、沃尔玛、宜家等（1）____超市。深圳吸引了越来越多大牌超市进驻。

"超市进百货，(2)"成了国内外零售业发展的新模式。

随着中国逐步取消了对外资商业企业的诸多限制，外资零售业更加(3)。

之前有人担心：市场已经(4)，外商是进来添筷子(5)，而不是来做蛋糕的。根据市政府对沃尔玛进入市场的影响调查结果，在它开业初期，当地大型内资企业的销售额下降了5%，但之后都有所增长，有些商场的营业额增长幅度还特别大。其实，外资企业和中国企业的机会都是平等的，(6)竞争能够提高品牌服务水平，最终达到"双赢"。

（1）（　　）A. 中
B. 洋
C. 土
D. 特产

（2）（　　）A. 百货超市化
B. 百货进万家
C. 零售超市化
D. 零售进万家

（3）（　　）A. 如虎添翼
B. 如释重负
C. 如鱼得水
D. 如愿以偿

（4）（　　）A. 饱和
B. 饱满
C. 膨胀
D. 萎缩

（5）（　　）A. 抢饭吃
B. 分蛋糕
C. 做蛋糕
D. 做饭吃

（6）（　　）A. 恶性
B. 中性
C. 公平
D. 良性

6 根据文章内容选择正确答案

（1）以下选项中不属于洋超市的是：（　　）。
A. 麦德龙　B. 人人乐　C. 永旺　D. 家乐福

（2）关于沃尔玛公司的历史，以下选项中不正确的是：（　　）。
A. 沃尔玛公司已有近60年的历史
B. 在全球开设了10 000多家商场
C. 在中国内地170多个城市开设了商场
D. 1998年来到深圳

（3）会话2中“有过之而无不及”的意思是：（　　）。
A. 相比之下，只有超过而不会不如
B. 相比之下不如对方
C. 没有超过别人的地方
D. 有做错的地方

（4）东门商业街区保留的市民文化底蕴是：（　　）。
A. 雄伟的高楼大厦
B. 满街的大红灯笼
C. 古色古香的牌楼以及披红挂绿的古榕树
D. 仿古的建筑

（5）会话2中“萝卜青菜，各有所爱”的意思是：（　　）。

A. 有的人只喜欢青菜

B. 有的人既不喜欢青菜也不喜欢萝卜

C. 有的人只喜欢萝卜

D. 每个人都有自己的爱好，会喜欢不同的东西

六、阅读 Reading

零售业“商圈”

随着深圳市区的不断北扩、西扩，深圳的生活水平快速提高，交通网络的进一步完善，庞大的消费市场短短几年惊人提升，深圳商圈（shāngquān，trading area）也突然间百花齐放（bǎihuāqífàng，all flowers bloom together）。

商圈是城市商业的指南针（zhǐnánzhēn，compass）。人民南商圈、东门商圈、华强北路商圈的形成，是由深圳在发展初期的城市功能所决定的。

深圳是外资超市最青睐（qīnglài，favored）的城市之一。到2005年，沃尔玛、家乐福、吉之岛等各大外资巨头，都在深圳开设了多家连锁（liánsuǒ，chain）分店，沃尔玛还将亚洲采购（cǎigòu，procurement）总部迁来。

外资零售商带来了国际上先进的现代化营销方式，提高了我国零售业的经营管理水平和技术水平。比如，自有品牌管理，洋快餐的店面管理，各种业态（yètài，commercial activities）的经营方式，等等。

2015年4月27日，作为广东自贸区（zìmàoqū，free trade zone）组成部分之一的深圳前海蛇口自贸区在前海举行挂牌仪式（guàpái yíshì，the opening ceremony）。前海蛇口自贸区更加注重金融功能，叠加（diéjiā，to superimpose）自贸区政策后，前海蛇口片区有效推动人民币国际化、利率及汇率市场化的改革。

而新兴商圈的兴起，并不意味着传统核心商圈的没落（mòluò，to decline），实际上随着城市更新进程加快、更多新业态的融入（róngrù，to blend in），深圳各商圈形成良性竞争、升级发展的积极态势。

（1）近些年来，深圳商圈的发展状况（zhuàngkuàng，condition）如何？

____

（2）你知道深圳有哪些商圈？你接触过哪些商圈？

____

（3）深圳前海自贸区是在什么时候举行挂牌仪式的？

____

（4）新兴商圈的兴起会对传统核心商圈造成什么影响？

____

Lesson Eleven

第十一课 证券、保险业知多少

1. 数量词组中的“多”
2. 连词：为的是
3. 副词：反正
4. 名词后缀：家
5. 兼语连动式
6. 量词重叠
7. 芝麻开花节节高

一、生词 New Words and Expressions

字词音频

1	证券	zhèngquàn	名词 n.	security
2	保险	bǎoxiǎn	名词 n.	insurance
3	年底	niándǐ	名词 n.	the end of the year
4	上市	shàngshì	名词 n.	listing of a company on a stock exchange
5	挂牌	guàpái	动词 v.	to hang out one's shingle; to put up one's plate
6	A 股	A gǔ	名词 n.	A-shares
7	B 股	B gǔ	名词 n.	B-shares
8	开户	kāihù	动词 v.	to open an account
9	成交额	chéngjiāo'é	名词 n.	volume of business
10	达	dá	动词 v.	to reach; to attain; to amount to
11	后来居上	hòuláijūshàng	成语 sph.	the later comers surpass the formers
12	发行	fāxíng	动词 v.	to issue
13	期待	qīdài	动词 v.	to expect
14	开放式	kāifàngshì	名词 n.	open type
15	批复	pīfù	动词 v.	to give an official and written reply
16	规则	guīzé	名词 n.	rule; regulation
17	渠道	qúdào	名词 n.	channel
18	趋于	qūyú	动词 v.	to tend towards; to tend to
19	平稳	píngwěn	形容词 adj.	steady
20	家喻户晓	jiāyùhùxiǎo	成语 sph.	to make known to every family
21	名牌	míngpái	名词 n.	famous brand
22	承保额	chéngbǎo'é	名词 n.	underwriting limit
23	财产险	cáichǎnxiǎn	名词 n.	property insurance
24	人身险	rénshēnxiǎn	名词 n.	personal insurance
25	代销	dàixiāo	动词 v.	to sell goods on a commission basis

26	申购	shēngòu	动词 v.	to apply for purchase
27	营业部	yíngyèbù	名词 n.	business department
28	认购	rèngòu	动词 v.	to offer to buy
29	封闭式	fēngbìshì	名词 n.	closed type
30	程序	chéngxù	名词 n.	procedure
31	反正	fǎnzhèng	副词 adv.	anyway；anyhow
32	专家	zhuānjiā	名词 n.	specialist；expert
33	意识	yìshí	名词 n.	mentality
34	等于	děngyú	动词 v.	equal to
35	接受	jiēshòu	动词 v.	to accept
36	概念	gàiniàn	名词 n.	concept
37	大受青睐	dàshòuqīnglài	成语 sph.	very popular
38	庞大	pángdà	形容词 adj.	huge；enormous
39	人群	rénqún	名词 n.	crowd
40	蕴藏	yùncáng	动词 v.	to contain
41	芝麻	zhīma	名词 n.	sesame
42	节	jié	量词 mw.	joint

1	深圳证券交易所	Shēnzhèn Zhèngquàn Jiāoyìsuǒ	Shenzhen Stock Exchange
2	国务院	Guówùyuàn	State Council
3	中国证监会	Zhōngguó Zhèngjiānhuì	China Securities Regulatory Commission
4	太平洋保险	Tàipíngyáng Bǎoxiǎn	China Pacific Insurance Co.，Ltd.
5	平安保险	Píng'ān Bǎoxiǎn	Ping An Insurance Co.，Ltd.
6	美国友邦保险	Měiguó Yǒubāng Bǎoxiǎn	American International Assurance Co.，Ltd.

二、课文 Text

课文音频

证券、保险业知多少

关于证券、保险业，你知道多少？到2019年底，深圳证券交易所上市公司2 205家，挂牌股票2 242只，其中A股2 195只，B股47只，投资者开户总数超过2.2亿户，全年证券市场股票基金总成交额10 078 625亿元。这几年，创业投资发展迅速，2019年创业板上市公司数达890多[1]家，比2018年增加12.77%。基金公司后来居上，2019年发行基金资产1 400多亿元，机构数量和发行资产数量占全国一半以上。

在万众期待中，经国务院同意，中国证监会作出《关于同意深圳证券交易所发行并交易开放式基金的批复》，并批准了《深圳证券交易上市开放式基金的业务规则》，这为的是[2]让投资者有新的投资渠道，也是为了提高市场的整体竞争力。

在证券市场趋于平稳的同时，保险业快速发展起来。太平洋保险、平安保险以及美国友邦保险成为家喻户晓的名牌保险机构。深圳市2019年境内外保险机构承保额3 691 723亿元，其中，财产险承保额2 215 664亿元，人身险承保额1 476 059亿元，比上年均有大幅增长。

三、会话 Dialogues

会话1音频

1 在会议厅

金大中：目前上市开放式基金有什么特点？

楚云舒：这种基金是指在深交所发行、上市及交易的基金。

金大中：怎样才能买到这种基金？

楚云舒：很简单，有两种办法。

金大中：说来听听。

楚云舒：投资者除了可以通过基金管理公司及其代销机构申购之外，还可以在具有代销资格的各证券公司营业部通过深交所交易系统认购。

金大中：它与封闭式基金的购买方式有什么不同？

楚云舒：它的交易方式和程序其实与封闭式基金是差不多的。

会话2音频

2 在会议厅

汤玛斯：凯恩，说说你对中国保险行业的看法，好吗？

凯　恩：反正[3]我也不是保险专家[4]，就随便谈谈了。

汤玛斯：总公司派我下个月去深圳的分公司做业务[5]，可是我对深圳的保险行业知道得不多呢。

凯　恩：以前中国人的保险意识几乎等于零，可是最近几年随着生活水平的提高，越来越多的人开始接受保险的概念。

汤玛斯：他们主要对哪一类保险有兴趣？

凯　恩：人身保险业务大受人们青睐，2019年深圳保险公司原保险保费收入4.3万亿元，同比增长12.2%。保险业新增保单件数495.4亿件，同比增长70.5%。

汤玛斯：你想想，中国有十几亿人口，可目前接受保险概念并投保的人寥寥无几，这么庞大的人群蕴藏着多大的业务空间！

凯　恩：保险业在这儿一定会芝麻开花节节[6]高[7]的！

四、要点注释 Notes to the Text

1 数量词组中的"多"

（1）数词＋"多"＋量词。例如：

一万多元钱　二十多斤米　三十多本书　五百多位学生　七十多岁

（2）数词＋量词＋"多"。例如：

一斤多鱼　二米多布　十克多黄金

2 连词：为的是

表目的，一般放在上句之后、下句之前，解释原因和目的。例如：

（1）父母辛苦地工作，为的是能让孩子接受更好的教育。

（2）运动员们拼命地冲刺，为的是跑出好成绩，为国家赢得更多的金牌。

（3）他住院期间还在看书，为的是赶上期末考试。

3 副词：反正

有以下两种用法：

（1）强调在任何情况下都不改变结果或结论。上文常有"无论"或"不管"，或表示正反两种情况的词语。多用在主语前。例如：

（a）信不信由你，反正我不信。

（b）不管你去不去，反正我一定去。

（c）别着急，先等一会儿，反正他说了今天一定要来的。

（2）指明情况或原因，意思与“既然”相近，而语气较强，多用在动词、形容词或主语前。例如：

（a）反正离电影开始还有一些时间，我们出去散散步吧！
（b）反正你有的是钱，给妈妈买一件生日礼物吧！
（c）反正你已准备得很充分，管他出什么难题。

4 名词后缀：家

“家”附在名词、动词之后，表示精通某方面的人。例如：

作家、画家、行家、小说家、钢琴家、资本家、歌唱家、科学家

5 兼语连动式

整个句式是兼语句，不过兼语动词后面接的是连动句。例如：

（1）妈妈让我上街买菜回家做饭。
（2）老师推荐你去国外大学深造取得成绩回来报效祖国。
（3）这个难题使我想了一夜想出一个好办法解决了它。

6 量词重叠

量词重叠，一般表示逐一的，例如：

节节（一节一节的）　　个个（一个一个的）
串串（一串一串的）　　道道（一道一道的）
条条（一条一条的）

7 芝麻开花节节高

这是中国的一句俗语，比喻生活、事业或日子越来越好。

五、练习 Exercises

1 选词填空

（发行、发布　　期待、期望　　渠道、通道）

（1）中国证监会__________了《深圳证券交易上市开放式基金的业务规则》。

（2）2019年深圳的基金公司共__________基金资产1 400多亿元。

（3）人们__________着市场上能有更多的投资方式。

（4）不要__________依靠非凡的境遇取得成功，要抓住每一个平常的机会。

（5）随着市场的发展，新的投资__________产生了。

（6）如发生险情，请快速穿过安全__________。

2 造句

（1）为的是

____

（2）反正

____

3 用指定的词语完成句子

（1）让我们立下目标，不但要使产品赶上世界水平，还要____________________。（后来居上）

（2）想要在此处投资，就必须________________________。（规则）

（3）数据显示，深圳的证券市场______________________。（趋于）

（4）市场物价______________________，人民生活安定，整个社会欣欣向荣。（平稳）

（5）大型活动的赞助商通常是那些______________________的公司。（家喻户晓）

（6）近两年，保险业务备受______________________。（青睐）

（7）人群中______________________巨大的市场。（蕴藏）

（8）这个笛子是由______________________竹子做成的。（节）

4 成段表达

你对证券、保险业了解多少？请谈一谈它们的特点及你的看法，尽量用上以下词语。

（证券、保险、开户、基金公司、规则、代销、认购、程序、意识、接受、概念、庞大）

____

____

____

5 根据课文内容选择填空，完成概要重述

深圳的证券、保险业发展迅猛。到2019（1），深圳证券交易所上市公司2205家，（2）股票2242只，投资者开户总数超过2.2亿户，全年证券市场股票基金总成交额10 078 625亿元。2019年创业板上市公司数（3）892家，比2018年增加12.77%。基金公司后来居上，2019年发行基金资产1400多亿元，机构数量和发行资产数量占全国一半以上。

在（4）中，中国证监会批准深圳证券交易所发行并交易（5），发布了相关业务规则，提高了深圳证券市场的整体竞争力，也拓宽了

投资者的投资渠道。

证券市场稳健发展的同时，深圳的保险业也迅速崛起。家喻户晓的（6）保险机构有太平洋保险、平安保险及美国友邦保险等。与上年相比，深圳市2019年境内外保险机构财产险承保额和人身险承保额均有大幅增长。

（1）（　　）A. 年初
B. 年中
C. 年底
D. 年终

（2）（　　）A. 挂名
B. 挂牌
C. 上市
D. 市值

（3）（　　）A. 达
B. 有
C. 高达
D. 一共

（4）（　　）A. 万众期待
B. 欢呼声
C. 一片抗议
D. 焦急等待

（5）（　　）A. 封闭式基金
B. 自由式基金
C. 开放式股票
D. 开放式基金

（6）（　　）A. 明星
B. 大牌
C. 名牌
D. 大众

6 根据文章内容选择正确答案

（1）目前上市开放式基金的特点是：（　　）。

A. 在上海交易所发行、上市及交易

B. 在深圳交易所发行、上市及交易

C. 面向大众，任何人都可以交易

D. 在上海交易所发行，在深圳交易所上市及交易

（2）开放式基金与封闭式基金的购买方式有什么不同？（　　）

A. 两者是差不多的

B. 开放式基金只能在基金管理公司及其代销机构申购

C. 封闭式基金只能在证券公司营业部通过深交所交易系统认购

D. 两者的交易方式一模一样

（3）目前中国人主要对哪一类保险有兴趣？（　　）

A. 人寿保险　　B. 商业保险

C. 汽车保险　　D. 人身保险

（4）会话2中“青睐”的意思是：（　　）。

A. 青色的眼睛

B. 表示喜爱或尊重

C. 黑色的眼睛

D. 正眼看人

（5）会话2中“芝麻开花节节高”的意思是：（　　）。

A. 比喻生活、事业或日子越来越好

B. 芝麻花开得很高

C. 比喻新事物很有希望

D. 事情越来越难

六、阅读 Reading

金融产业的发展

深圳金融产业近年来发展迅速，后发优势（yōushì，superiority）明显，极具现代特色。据专业人士分析，深圳的银行业相比北京、上海较弱。北京的证券业在支持实体经济上，遥遥（yáoyáo，far away）领先上海及深圳，国内非金融机构通过股市筹集（chóují，to raise）的资金额北京最高。但深圳很好地抓住了保险发展的红利期（hónglìqī，bonus period），仅次于北京和上海，位列全国第三，且保险密度跟北京相当，大幅（dàfú，by a large margin）领先上海，保险市场较活跃。

事实上，金融实力的比拼还需要从区域经济发展、商业环境、城市基础设施、人才集聚（jíjù，to gather）效应（xiàoyìng，effect）等多方面进行综合考量。深圳后发（hòufā，late-mover）优势明显，代表民间资本极具特色。

随着“一带一路（yí dài yí lù，the Belt and Road Initiative）”、“互联网+”和“创新驱动发展”等国家重大举措（jǔcuò，measure）的实施，云计算（yúnjìsuàn，cloud computing）、大数据（dàshùjù，big data）、区块链（qūkuàiliàn，blockchain）等先进信息技术在金融领域的应用，推动了金融业的转型升级，“创新”“金融科技”已成为深圳金融业发展的新趋势。

深圳人才大市场举办了2020年夏季大型毕业生公益（gōngyì, public benefit）招聘会（zhāopìnhuì, career fair），公布的调查统计结果显示：金融、证券、保险行业需求量最大。深圳金融产业，需要更多的金融人才。

问题

（1）深圳金融产业发展的现状如何？

（2）影响金融产业发展的因素有哪些？

（3）深圳金融产业的发展有哪些新趋势？

（4）深圳金融人才的需求量（xūqiúliàng, quantity demanded）大吗？你是否愿意成为金融人才？

Lesson Twelve

第十二课 未来我们大家一起租

要点：

1. 在……下
2. 拼……
3. 对于……来说
4. 可能补语
5. 连……都／也……
6. 可
7. ……是……，只是／就是……
8. 都

字词音频

一、生词 New Words and Expressions

1	物价	wùjià	名词 n.	price
2	上涨	shàngzhǎng	动词 v.	to rise up
3	许多	xǔduō	形容词 adj.	many
4	打拼	dǎpīn	动词 v.	to fight for living
5	压力重重	yālìchóngchóng	形容词 adj.	under one pressure after another
6	享受	xiǎngshòu	动词 v.	to enjoy
7	最优	zuìyōu	形容词 adj.	optimal
8	互联网	hùliánwǎng	名词 n.	Internet
9	首要	shǒuyào	形容词 adj.	first；chief
10	课题	kètí	名词 n.	problem；task
11	于是	yúshì	连词 con.	thereupon
12	共享	gòngxiǎng	动词 v.	to enjoy together；to share
13	应运而生	yìngyùnérshēng	动词 v.	to emerge as the times require
14	背景	bèijǐng	名词 n.	background
15	诞生	dànshēng	动词 v.	to be born
16	全新	quánxīn	形容词 adj.	completely new
17	移动	yídòng	动词 v.	to move
18	大数据	dàshùjù	名词 n.	big data
19	匹配	pǐpèi	动词 v.	to match
20	整合	zhěnghé	动词 v.	to integrate
21	重构	chónggòu	动词 v.	to restructure
22	闲置	xiánzhì	动词 v.	to spare；to lie idle
23	成本	chéngběn	名词 n.	cost
24	原有	yuányǒu	形容词 adj.	original
25	效率	xiàolǜ	名词 n.	efficiency

26	诸多	zhūduō	形容词 adj.	many
27	又一	yòuyī	代词 pron.	another
28	席卷	xíjuǎn	动词 v.	to sweep across
29	崛起	juéqǐ	动词 v.	to rise up
30	势不可当	shìbùkědāng	成语 sph.	to be a trend which can't be halted
31	潮流	cháoliú	名词 n.	trend
32	使用权	shǐyòngquán	名词 n.	right of use
33	而	ér	连词 con.	but
34	非	fēi	词缀 af.	not; non-
35	所有权	suǒyǒuquán	名词 n.	proprietary rights; ownership
36	主张	zhǔzhāng	动词 v./ 名词 n.	to advocate; stand for; opinion
37	已然	yǐrán	副词 adv.	be already so
38	深入人心	shēnrùrénxīn	成语 sph.	to win support among the people
39	拼	pīn	动词 v.	to join together; ready to risk one's life (in battle, work, etc.)
40	便	biàn	副词 adv.	then
41	绝佳	juéjiā	形容词 adj.	excellent
42	对于	duìyú	介词 prep.	with regard to; about
43	交际	jiāojì	名词 n.	communication
44	志同道合	zhìtóngdàohé	成语 sph.	to cherish the same ideals and follow the same path
45	根本性	gēnběnxìng	名词 n.	root; basic
46	构建	gòujiàn	动词 v.	to build; construct
47	形成	xíngchéng	动词 v.	to form
48	冰山一角	bīngshānyījiǎo	成语 sph.	a tip of the iceberg
49	聚餐	jùcān	名词 n.	dinner party
50	超额	chāo'é	动词 v./ 名词 n.	to above the quota; to surpass
51	离不开	líbùkāi	词组 wg.	can't do without; can't leave
52	各位	gèwèi	名词 n.	everybody
53	多亏	duōkuī	副词 adv.	thanks to
54	过来人	guòláirén	名词 n.	a person who has had the experience
55	合租	hézū	动词 v.	to rent a flat jointly with other people
56	租金	zūjīn	名词 n.	rent
57	单间	dānjiān	名词 n.	a single room
58	高大上	gāodàshàng	词组 wg.	high-end, elegant, and classy
59	实在	shízài	副词 adv.	really; truely
60	微信	wēixìn	名词 n.	WeChat

61	舍友	shèyǒu	名词 n.	roommate
62	随和	suíhé	形容词 adj.	easy-going
63	热心	rèxīn	形容词 adj.	enthusiastic
64	顺利	shùnlì	形容词 adj.	smooth; well
65	外卖	wàimài	名词 n.	take away food
66	订餐	dìngcān	动词 v.	to order food
67	查询	cháxún	动词 v.	to inquire about; to query
68	店家	diànjiā	名词 n.	store
69	立刻	lìkè	副词 adv.	immediately
70	派送	pàisòng	动词 v.	to delivery
71	实时	shíshí	形容词 adj.	(in) real time
72	状态	zhuàngtài	名词 n.	state; condition
73	眼花缭乱	yǎnhuāliáoluàn	成语 sph.	the eyes confused by looking at many things
74	待会儿	dāihuìr	副词 adv.	after a while; shortly
75	下载	xiàzài	动词 v.	to download
76	护照	hùzhào	名词 n.	passport
77	账号	zhànghào	名词 n.	account; user name

1	饿了么	Eleme	Eleme, a company's name
2	美团	Měituán	Meituan, a company's name
3	大众点评	Dàzhòng Diǎnpíng	Dazhong Dianping, a company's name
4	深圳湾公园	Shēnzhènwān Gōngyuán	Shenzhen Bay Park

二、课文 Text

课文音频

未来我们大家一起租

物价上涨，加上土地资源紧张，深圳和其他大城市一样，日益上涨的生活成本让许多在这里打拼的年轻人感到压力重重，如何以最低的消费享受最优的生活质量成了许多互联网公司的首要课题，于是“共享经济”应运而生。“共享经济”是在互联网技术发展的大背景下[1]，诞生的一种全新商业模式，其利用移动互联网、大数据等技术进行资源匹配，整合重构了闲置资源，降低了消费者的购买成本，并最终打破了原有的商业规则，大大提高了社会消费效率。这是网络带给消费者诸多好处中的又一例子。随着Uber、Airbnb等明星公司席卷全球，“共享经济”的崛起势不可当。这股潮流在中国才开始几年，但其闲置即浪费，分享产生价值以及使用权而非所有权的主张已然深入人心，于是人们开始接受并喜欢上和别人一起“拼[2]车”“拼房”“拼吃”的新消费模式。这种消费方式不仅经济，而且很环保，有助于减少能源的消耗，共享自行车便是一个绝佳的例子。对于热衷交际的人来说[3]，“共享”还为我们提供了一个结识朋友的平台，让我们在消费的同时，结识志同道合的朋友，根本性地重新构建人与人之间的关系，形成新的文化。总而言之，“共享经济”给我们的生活带来了不少好处。其实我们现在所能看到的价值还只是共享经济的冰山一角，未来它所能创造的价值更值得关注。

三、会话 Dialogues

会话1音频

1 在公司聚餐上

王　峻：同事们，我们公司能超额完成上半年的业绩目标，离不开[4]各位同事的共同努力，大家辛苦了，希望大家今天都吃好玩好，干杯！

楚云舒：语玫，你回国两个多月了，对国内的生活适应得怎么样？

杨语玫：我适应得还不错。多亏了同事们的帮助，我最近在公司附近租了一间房，现在上班方便多了。刚来的时候我住得比较远，每天上下班都要挤地铁和公交，有时候因为人太多挤不上去，还得打的上班。

楚云舒：作为过来人，我非常理解。现在你一个人住还是和别人合租？

杨语玫：我现在和朋友合租。来了深圳我才发现，这里的房子租金都太贵了。在公司附近，一个小小的单间就要四五千，在比较高大上的小区有的甚至要六七千。我实在租不起，所以在同事的帮助下，我加入了一个微信拼房群，在那里我找到了现在的舍友。

楚云舒：是啊，深圳的房价这几年涨得很快，加上越来越多的年轻人来深圳打拼，就连租房市场也[5]异常火爆。你和现在的舍友相处得怎么样？

杨语玫：一开始我不太习惯和陌生人同住，但是我的舍友人很随和，对人也很热心，现在我们成了好朋友。

楚云舒：那可[6]真是太好了，来，我们干一杯，祝你在深圳的工作和生活一切顺利。

会话2音频

2 在家里

舍　友：语玫，我打算订外卖，你要不要一起订？

杨语玫：好啊，你想好吃什么了吗？

舍　友：我还没想好，我们一起在饿了么上看看吧。

杨语玫：饿了么是什么？

舍　友：饿了么是一个网上订餐平台，在上面你不仅可以快速查询到附近的餐厅，还可以直接下单，不用打电话。店家在收到你的订单后立刻准备食物，并以最快的速度将你的外卖送到家里来。你还可以在平台上查询到派送的实时状态。

杨语玫：哇，这太方便了，可以在家吃到美食，还不用在餐厅排队。以后我都不想出去吃饭了。

舍　友：方便是方便，就是[7]外卖吃多了对身体不太好。

杨语玫：你说的也对。像这样的外卖平台多吗？

舍　友：可多了，什么美团、大众点评，这些都[8]是现在受年轻人欢迎的App。

杨语玫：我来看看上面都有哪些好吃的。天啊，这么多好吃的，看得我眼花缭乱，我都不知道吃什么好了。

舍　友：我听说这家新开的沙拉店的东西不错，而且离我们家很近，派送时间只要三十分钟。要不我们今天就吃这家的沙拉？

杨语玫（笑）：好主意，那我就试试这个大虾牛油果沙拉。

舍　友：OK，我已经下单了，现在就等我们的外卖送来了。

（三十分钟后）

杨语玫：我们的外卖到了，开始吃饭吧。

舍　友：我想待会儿吃完饭去深圳湾公园骑车，你想不想一起？

杨语玫：想是想，只是我没有自行车。

舍　友：没关系，你可以租一辆共享自行车。

杨语玫：我不是中国公民，没有身份证，也可以租自行车吗？

舍　友：当然可以，你只要下载App，然后用你的护照和手机号注册一个账号就可以了。

杨语玫：这么简单，没问题，我现在就注册一个。来深圳两个多月了，我还没去过深圳湾公园。

舍　友：好，我们一起弄吧。

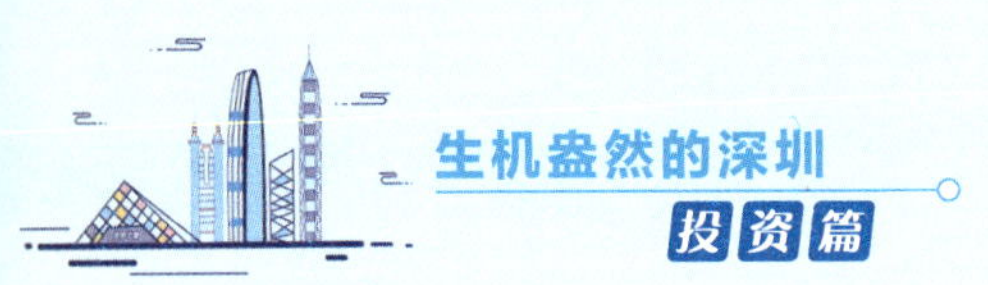

四、要点注释 Notes to the Text

1 在……下

方位词表示属于一定的范围、情况、条件等。

（1）在朋友的帮助下，他终于找到了手机。
（2）在医生护士的细心照顾下，病人康复得很快。
（3）在这种情况下，我们最好留在家里，不要出去。

2 拼……

“拼”的原义为合在一起，组合、联合的意思，现发展为分享、共享同一事物。例如：

拼车、拼房、拼桌

3 对于……来说

表示从某人或某事物的角度来看待某事物。例如：

（1）对于大部分外国人来说，写汉字是一件很难的事。
（2）对于他来说，这只小狗就是他的家人。
（3）对于消费者来说，有更多的选择当然是一件好事。

4 可能补语

可能补语，表示动作的结果或趋向能否实现，如果可能，用“动词+得+结果补语/趋向补语”；如果不可能，用“动词+不+结果补语/趋向补语”。

（1）动词+得/不+开（“开”充当可能补语，表示分开或者离开），例如：

（a）这个窗户坏了，我打不开。
（b）现在老板在开会，走不开。
（c）他的孩子现在还很小，离不开妈妈。

（2）动词+得/不+上（“上”充当可能补语，表示有了结果或达到目的），例如：

（a）他学习这么不努力，恐怕考不上大学。
（b）那个时候他家里很穷，连米饭也吃不上。
（c）新买的房子出了问题，到现在还住不上。

（3）动词+得/不+起（“起”充当可能补语，表示有足够的力量支持，或有足够的金钱支付），例如：

（a）最新的苹果手机太贵了，我用不起。
（b）现在房价这么贵，很多年轻人都买不起房子。
（c）他现在很烦，因为他还不起这个月的信用卡。

5 连……都/也……

表示强调，含有“甚至”的意思。例如：

（1）这个问题连三岁的孩子都/也能明白。
（2）他连看都/也没看，就把合同签了。
（3）这个咖啡厅太吵了，我连你说什么都听不到。
（4）你怎么连自己的电话号码都/也不知道？

6 可

表示强调，可用于感叹句，句末常用语气助词“了”。

（1）如果你能来参加，那可真是太好了！
（2）我太太做的菜可好吃了！
（3）深圳的夏天可热了！

7 ……是……，只是/就是……

在上半句里，“是”前后用相同的名词、形容词或动词，表示让步，含有“虽然”的意思。

（1）想是想，就是没时间回去。
（2）吃是吃了，只是没吃太多，现在还有一点儿饿。
（3）酒是好酒，就是有点贵，一般人喝不起。

8 都

在句子中，强调全部。例如：

（1）你来中国这么长时间，都去过哪些地方？

（2）对于她回国创业这件事，全家人都极力反对。

（3）深圳湾、大梅沙、世界之窗和华侨城，这些都是深圳有名的景点。

五、练习 Exercises

1 选词填空

（应运而生、眼花缭乱、志同道合、一切顺利、压力重重、深入人心）

（1）随着手机应用越来越智能化，各种打车软件____________。

（2）他拥有一群____________的朋友和合作人。

（3）民主观念要____________需要时间。

（4）我们下周就能拿到法国签证，____________。

（5）这次书展吸引了许多作家和出版社，那么多好书让我看得____________。

（6）同以往的大学一年级学生相比，如今的美国大学一年级新生普遍感到____________。

2 造句

（1）对于……来说

____

（2）连……都/也……

____

（3）……是……，只是/就是……

____

3 用指定的词语完成句子

（1）为了能让家人过上舒适的生活，______________。（打拼）

（2）他妈妈最近生病住院了，______________。（于是）

（3）昨晚下了一夜的暴雨，______________。（上涨）

（4）他今天的成功真是______________。（多亏）

（5）一个好企业需要的是高效管理，______________。（而非）

（6）上个星期五，台风______________。（席卷）

（7）这个假期我打算什么都不做，只想______________。（享受）

（8）他们一家在国外生活了十多年了，______________。（对于）

4 成段表达

你觉得共享经济给你带来了哪些好处？你能举一两个例子吗？尽量用上以下词语。

（许多、享受、最优、共享、全新、匹配、整合、闲置、成本、效率、潮流、使用权、而非、所有权、拼、绝佳、对于、聚餐、多亏、实在、立刻、派送、下载、账号）

____

____

____

____

5 根据课文内容选择填空，完成概要重述

在互联网技术发展的大背景下，“共享经济”应运而生。这是一种利用互联网和大数据等技术进行资源匹配，具有（1）资源、降低成本等多项优点的全新商业模式。随着Uber、airbnb等明星公司席卷全球，“共享经济”的崛起（2），“共享单车”便是这一消费模式的一个（3）的例子，既经济实惠又绿色环保。（4）热衷交际的人来说，“共享”还提供了一个结识朋友的平台，人们可以认识志同道合的朋友，（5）地重新构建人与人之间的关系，（6）新的文化。总之，“共享经济”的好处有很多，我们所能看到的价值还只是冰山一角。

（1）（　　）A. 整理　B. 整合　C. 重建　D. 重新

（2）（　　）A. 势不可当
B. 一帆风顺
C. 一筹莫展
D. 如鱼得水

（3）（　　）A. 精彩　B. 丰厚　C. 优越　D. 绝佳

（4）（　　）A. 趋于　B. 对于　C. 关于　D. 属于

（5）（　　）A. 表面性
B. 片面性
C. 根本性
D. 实用性

（6）（　　）A. 形成　B. 变成　C. 完成　D. 改变

6 根据文章内容选择正确答案

（1）现在杨语玫住在哪里？（　　）

A. 她住在离公司很远的地方

B. 她自己住在一个高大上的小区里

C. 她和一个朋友住在公司附近

（2）杨语玫为什么不一个人住？（　　）

A. 因为她不习惯一个人住

B. 因为房租太贵了，她一个人租不起

C. 因为她很喜欢她的朋友

（3）杨语玫是怎么找到她现在的舍友的？（　　）

A. 是在一个拼房微信群上找到的

B. 是她朋友介绍的

C. 是在公司聚餐的时候认识的

（4）下面哪个App不可以叫外卖？（　　）

A. 饿了么

B. 滴滴打车

C. 大众点评

D. 美团

（5）外国人怎么注册共享自行车账号？（　　）

A. 用身份证注册

B. 用手机号注册

C. 用护照和手机号注册

六、阅读 Reading

深圳租房

在深圳，无论从租赁（zūlìn，lease）住房占比（zhànbǐ，proportion），还是从租赁需求人群占比来看，租赁市场的规模占比在国内最大。

许多大学毕业生、外来人群都可能会面临着租房问题。当我们需要租房时，一般从租金、房屋位置与交通、环境、配套设施等几方面来

考虑。找房渠道（qúdào，channel）有以下几种：（1）网上找房。随着互联网的发展，网上找房越来越受青睐。网上房源（fángyuán，housing resource）信息量（xìnxīliàng，amount of information）较大，找房速度快。（2）委托（wěituō，to entrust）中介公司。中介公司房源信息量大，有经纪人（jīngjìrén，agent）帮助处理租房事宜（shìyí，matters concerned），比较省心，但是需要支付一定的服务佣金（yòngjīn，commission）。（3）小区租房广告。通过张贴的小广告寻找房源，真实性较高；但是小广告覆盖（fùgài，to cover）范围小，房源信息较少，难以快速和自己的租房要求相匹配（pǐpèi，to match）。（4）亲友介绍。通过亲友了解房源是相对比较可靠的，但亲友了解的房源信息很少，也难以快速找到自己比较满意的房子。不过，无论哪一种渠道，都要注意信息的可靠性与租房的安全性。

（1）租房时，一般需要考虑哪些方面？

___

（2）租房时，找房渠道主要有哪些？

___

（3）通过亲友了解房源可靠吗？有什么不足？

___

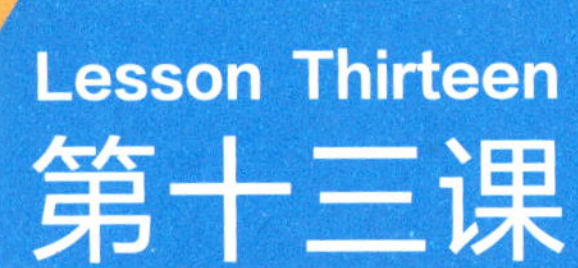

Lesson Thirteen 第十三课 我们可以领中国的“绿卡”了

要点：

1. 意译的外来词
2. 不仅……而且……更别提……
3. 连……带……
4. 转折复句：……虽然
5. 礼貌用语：贵
6. 反语表达：好容易

一、生词 New Words and Expressions

字词音频

1	绿卡	lùkǎ	名词 n.	green card
2	任	rèn	动词 v.	to appoint
3	提	tí	动词 v.	to mention
4	钢琴	gāngqín	名词 n.	piano
5	都	dū	名词 n.	big city; metropolis
6	美誉	měiyù	名词 n.	good reputation
7	诱惑	yòuhuò	名词 n.	temptation
8	骄傲	jiāo'ào	形容词 adj.	proud
9	居留权	jūliúquán	名词 n.	right of abode
10	困扰	kùnrǎo	动词 v.	to be puzzled by
11	发布	fābù	动词 v.	to publish; to issue
12	豁然开朗	huòránkāilǎng	词组 wg.	to be suddenly enlightened
13	推动	tuīdòng	动词 v.	to push forward
14	任职	rènzhí	动词 v.	to take office; hold a post
15	籍	jí	名词 n	registry
16	层次	céngcì	名词 n.	level
17	数额	shù'é	名词 n.	amount
18	贡献	gòngxiàn	名词 n.	contribution
19	夫妻	fūqī	名词 n.	couple
20	团聚	tuánjù	动词 v.	to reunite
21	未	wèi	词缀 af.	not yet
22	成年人	chéngniánrén	名词 n.	adult
23	投靠	tóukào	动词 v.	to go and seek refuge with sb.
24	老年人	lǎoniánrén	名词 n.	the aged

25	亲属	qīnshǔ	名词 n.	relatives
26	定居	dìngjū	动词 v.	to settle (down)
27	答复	dáfù	动词 v.	to give formal reply; to answer
28	满	mǎn	动词 v.	to expire; to reach the limit
29	周岁	zhōusuì	名词 n.	one full year of life
30	未婚	wèihūn	形容词 adj.	unmarried
31	被	bèi	介词 prep.	by (indicates passive-voice clauses)
32	委托人	wěituōrén	名词 n.	consignor
33	公安局	gōng'ānjú	名词 n.	Public Security Bureau
34	持	chí	动词 v.	to hold; to grasp
35	签证	qiānzhèng	名词 n.	visa
36	合法	héfǎ	形容词 adj.	legal
37	身份	shēnfèn	名词 n.	identity
38	证件	zhèngjiàn	名词 n.	credentials
39	司	sī	名词 n.	department (under a ministry)
40	司长	sīzhǎng	名词 n.	director
41	费	fèi	动词 v.	to cost; to expend
42	周折	zhōuzhé	名词 n.	twists and turns
43	市长	shìzhǎng	名词 n.	mayor
44	辅导	fǔdǎo	动词 v.	to coach

司法部	Sīfǎbù	Ministry of Justice

二、课文 Text

课文音频

我们可以领中国的"绿卡"[1]了！

两年前，美国人戴维一家四口都来到了深圳。戴维任天问国际投资信息咨询公司的副总经理。他们不仅喜欢这个充满活力的城市，而且喜欢这儿浓郁的文化氛围，更别提[2]"图书馆之城"、"钢琴之城"和"设计之都"的美誉对人多有诱惑力！他们希望成为骄傲的深圳人。可是怎样才能拿到绿卡，连大人带[3]小孩获得在华永久居留权的资格呢？这个问题一直困扰着他们。

2020年2月，中国司法部发布了《中华人民共和国外国人永久居留管理条例》（征求意见稿），这让戴维一家感到豁然开朗。他们有了生活目标，虽然[4]他们暂时还没有资格申请。原来，根据规定，以下四类人可以获得中国的永久居留权：一是推动中国科技、教育、文化、卫生、体育等事业的发展且在单位任职的外国籍高层次人才；二是在中国境内从事公益活动，对中国公益事业有较高数额投资的外籍人士；三是为推进中外友好交流合作、维护世界和平、促进共同发展做出突出贡献的外籍人士；四是夫妻团聚、未成年人投靠父母、老年人投靠亲属等家庭的团聚人员。

该条例还规定：永久居留外国人在中国境内工作的，按照社会保险法律法规的规定参加各项社会保险。在中国境内居留但未工作的，可以按照居留地相关规定参加城乡居民基本医疗保险和城乡居民基本养老保险，享受社会保险待遇。

自1985年11月以来，我国已批准4万多名外国人在中国定居。

三、会话 Dialogues

会话1音频

1 在公安局

戴　维：如果我们提出申请，贵[5]局几天之内会有答复？

办事员：我们自受理之日120天内作出批准或不批准的决定。

戴　维：由谁来提出申请？

办事员：外国人申请在这儿永久居留，由本人或未满十八周岁未婚子女的父母或被委托人向当地公安局提出申请。

戴　维：持绿卡出入还需要办理签证吗？

办事员：“外国人永久居留证”就是持有人在中国境内居留的合法身份证件，不需要再办理签证。

戴　维：永久居留外国人出入境时，可以从中国公民专用通道通行吗？

办事员：完全可以。

会话2音频

2 在公司

杨语玫：听说自1978年以来，我国已有656万人到海外留学？

楚云舒：是的。教育部国际合作与交流司司长日前已发布这个信息。这个数字还在增长呢！

杨语玫：像我一样回国的人多吗？

楚云舒：还真不少。656万出国留学人员中，423万回国工作，还有165万仍在学习，其余的已在海外就业。仅深圳市就有8万多的归国人员。

杨语玫：但留学人员回国，往往是费尽周折，好容易[6]才找到合适的职位。

楚云舒：主要是因为缺乏合适的求职平台。

杨语玫：像我一样幸运的人不多见吧？

楚云舒：所以，深圳市副市长提议建立一个“留学生就业与创业辅导站”，创建留学人员求职信息库和空缺职位信息库，借助“高交会”“金领世界”等平台拓宽留学生的就业渠道，还可根据条件申请一笔创业前期费用补贴，积极为留学人员制造创业机会。

杨语玫：深圳有哪些供外国人咨询法律事务的机构？

楚云舒：有上千所呢！如北京市盈科（深圳）律师事务所、广东省广和律师事务所等，有很多精通中外法律的资深律师能提供高品质的咨询服务。

四、要点注释 Notes to the Text

1 意译的外来词

根据外族语词的语素逐个意译而成，只在语素对应和次序以及构成方式上保留了外来形式。例如：

黑板：blackboard　绿卡：green card　铁路：railway　篮球：basketball

2 不仅……而且……更别提……

这是表示递进关系的多重复句，具体来说，是三重复句。例如：

（1）中国是个古老而美丽的国家，不仅有悠久的历史，灿烂的文化，而且有热情好客的中国人，更别提她广阔的山川与秀美的风景了。

（2）他是优秀学生，不仅成绩好，而且人品好，更别提他的歌唱得有多好听了。

（3）中国有三个省份的人特别爱吃辣椒，不仅"不怕辣"的贵州人爱吃，而且"辣不怕"湖南人爱吃，更别提"怕不辣"的四川人了。

3 连……带……

表示一个动作涉及两个事物、事件或人物。例如：

（1）路过一个高坡，他一不小心，连人带车摔了下来。

（2）战士渴极了，把一个苹果连皮带肉地吃下去了。

（3）宝宝哭起来了，连鼻涕带眼泪抹在了妈妈的衣服上。

4 转折复句：…… 虽然

表示转折关系复句，一般前一分句和后一分句有固定的次序，但有时为了表示强调，可以将它们的次序调换，例如：

（1）听从父母的建议，他报考了北京大学，虽然他真正想去的是清华大学。（强调“听从父母的建议”）

（2）我们仍要努力奋斗，虽然我们已取得一些成绩。（强调“我们仍要努力奋斗”）

（3）夜晚走这条路会比较安全，虽然花的时间会更长一些。（强调“夜晚走这条路会比较安全”）

5 礼貌用语：贵

这是言语交际中对对方国家、单位或对方孩子的一种敬称。

（1）敬称对方国家或单位时，在其前加“贵”。例如：贵国、贵单位、贵局、贵公司、贵处。

（2）敬称对方的孩子，在其前加“贵”。例如：贵公子。

6 反语表达：好容易

汉语里有一种特殊的反语表达方式，是指词义与词素义恰好相反、相对，如表否定的词素义表示肯定的词义，表肯定的词素义表示否定的词义。例如：

（1）他好容易通过大学英语六级考试。（意思是“他很不容易通过大学英语六级考试”。）

（2）在民俗村，大家玩得好不快活！（意思是“大家玩得好快活”。）

五、练习 Exercises

1 选词填空

（美誉、荣誉　　困扰、困惑　　答复、回答）

（1）深圳有着“钢琴之城”和“设计之都”的＿＿＿＿＿＿。

（2）奥运会上，体育健儿为了祖国的＿＿＿＿＿＿而拼搏。

（3）正当我＿＿＿＿＿＿不解的时候，他的一句话使我茅塞顿开。

（4）如何获得在华永久居留权的资格呢？这个问题一直＿＿＿＿＿＿着戴维一家。

（5）请耐心等待，我们一定会给您一个满意的＿＿＿＿＿＿。

（6）工作人员没有正面＿＿＿＿＿＿他的问题。

2 造句

（1）不仅……而且……更别提……

＿＿＿＿＿＿＿＿＿＿＿＿＿＿＿＿＿＿＿＿＿＿＿＿＿＿＿＿＿＿

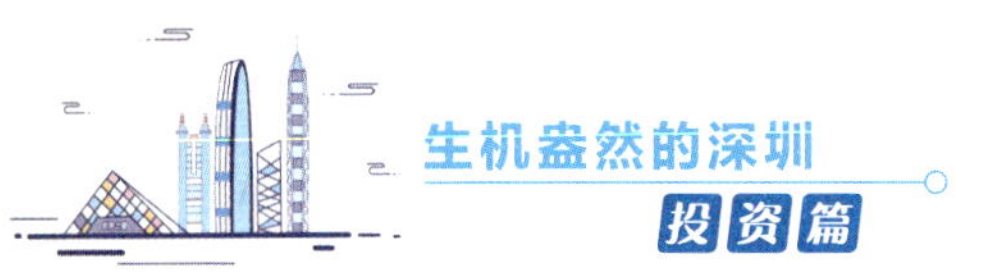

（2）……虽然

____

3 用指定的词语完成句子

（1）年轻而有活力的深圳，对每一位游客来说都是一种________。（诱惑）

（2）听了他的话，________________，所有的忧愁都烟消云散了。（豁然开朗）

（3）中秋之夜，海峡两岸的亲人________________共赏明月。（团聚）

（4）这座充满活力又年轻的城市，让每个居民为它__________。（骄傲）

（5）对中国______的人员可以优先获得中国的“绿卡”。（贡献）

（6）________________________，才找到适合自己的工作。（费）

（7）老陈在一家中外合资公司______________________。（任职）

（8）公安局有权向外国人_____________“外国人永久居留证”。（颁发）

4 成段表达

你在深圳居住多久了？你知道如何拿到中国“绿卡”吗？请谈一谈，尽量用上以下词语。

（居留权、籍、定居、满、周岁、公安局、签证、合法、身份、证件、颁发、有效）

____

____

____

5 根据课文内容选择填空，完成概要重述

两年前，戴维一家四口都来到了深圳。他们非常热爱这座充满活力的城市，于是萌生了想成为深圳人的想法。可是怎样才能拿到绿卡，（1）获得在华永久居留权的资格呢？

中国司法部发布的《中华人民共和国外国人永久居留管理条例》（征求意见稿）回答了这个问题，不过他们暂时还没有资格（2）。原来，根据规定，以下四类人可以获得中国的绿卡：一是推动中国科技、教育、文化、卫生、体育等事业的发展且在单位任职的（ 3 ）高层次人才；二是在中国境内从事公益活动，对中国公益事业有较高数额投资的外籍人士；三是为推进中外友好交流合作、维护世界和平、促进共同发展做出突出（4）的外籍人士；四是（5）等家庭的团聚人员。

该条例还规定：永久居留外国人在中国境内工作的，按照社会保险法律法规的规定参加各项社会保险。在中国境内居留但未工作的，可以按照居留地相关规定参加城乡居民基本医疗保险和城乡居民基本养老保险，享受社会保险待遇。

（1）（　　）A. 连在美国的祖父母

B. 使自己

C. 使夫妻二人

D. 连大人带小孩

（2）（　　）A. 申请
B. 申诉
C. 办理
D. 电子通信设备、电气机械

（3）（　　）A. 中国籍
B. 外国籍
C. 无国籍
D. 美国籍

（4）（　　）A. 作用
B. 影响
C. 贡献
D. 危害

（5）（　　）A. 夫妻团聚、留学生、老年人投靠亲属
B. 未成年人投靠父母、在华工作、老年人投靠亲属
C. 未成年人投靠父母、留学生、老年人投靠亲属
D. 夫妻团聚、未成年人投靠父母、老年人投靠亲属

6 根据文章内容选择正确答案

（1）会话1中，戴维称公安局为“贵局”，其中“贵”的意思是：（　　）。

A. 在公安局办理手续费用很高

B. 只有身份高贵的人才能到公安局办事

C. 这是言语交际中对对方国家、单位或对方孩子的一种敬称

D. 公安局装修豪华、贵气

（2）下列关于公安局颁发"外国人永久居留证"的说法正确的是：（　　）。

A. 永久居留外国人在中国境内工作的，按照社会保险法律法规的规定不能参加各项社会保险

B. 公安局自受理之日180天内作出批准或不批准的决定

C. 永久居留外国人出入境时，可以从中国公民专用通道通行

D. 中国境内从事公益活动的外籍人不能申请永久居留证

（3）会话2中"好容易才找到合适的职位"的"好容易"的意思是：（　　）。

A. 非常容易

B. 有点困难

C. 非常满意

D. 一种特殊的反语表达方式，意思是很不容易

（4）以下选项中，没有资格向公安局提出永久居留申请的是：（　　）。

A. 未成年人

B. 本人

C. 未满十八周岁未婚子女的父母

D. 被委托人

（5）"绿卡"的意思是：（　　）。

A. 绿色的卡片

B. 仅限于美国给外国公民的永久居住许可证

C. 是一种中国给外国公民的永久居住许可证

D. 外国公民的身份证

六、阅读 Reading

"中国绿卡"与时俱进

多年以来，"中国绿卡"所扮演的角色似乎总有些尴尬（gāngà, awkward）。较高的申请门槛（ménkǎn, threshold），较长的审批周期，较低的认可程度，三大问题直接造成了绿卡不"绿"的窘境（jiǒngjìng, predicament）。

在世界范围内，绿卡主要是发达国家开展人才竞争、吸引并且留住高层人士的一项重要制度。中国绿卡在这一方面起步虽晚，但出台的相关政策越来越国际化，也越来越与时俱进（yǔshíjùjìn, to keep pace with the times）。2017年，中国公安部宣布，根据《外国人在中国永久居留审批管理办法》的有关规定，将扩大申请在华永久居留外国人工作单位范围，包括：在国家认定（rèndìng, to firmly believe）企业技术中心、国家工程技术研究中心、外商投资研发中心等7类企业、事业单位任职，且符合相关条件的外国人，可申请在中国永久居留（jūliú, to reside）。

简单地说，现在符合"中国绿卡"申请条件的人多了，办理手续简化了，审批周期缩短了。中国降低申请门槛——放宽工作单位、居住年限等要求，而且审批周期从以往的180天大幅缩短为50个工作日。

"中国绿卡"进一步扩大范围，意味着中国更加开放与包容，是中国扩大对外开放的表现。

（1）让“中国绿卡”处于窘境的三大问题是什么？

（2）2017年，中国相关部门扩大的申请在华永久居留外国人工作单位范围包括哪些？

（3）“中国绿卡”与时俱进主要表现在哪些方面？

创业在深圳

 让……成为……

② 以……为……

 作为

 除了……还……

字词音频

一、生词 New Words and Expressions

1	地处	dìchǔ	动词 v.	be located in
2	毗邻	pílín	动词 v.	to adjoin; be adjacent to
3	高新技术	gāoxīnjìshù	词组 wg.	high and new technology
4	产业	chǎnyè	名词 n.	industry
5	金融	jīnróng	名词 n.	finance
6	运输	yùnshū	名词 n./ 动词 v.	transport/to transport
7	发达	fādá	形容词 adj.	developed
8	占据	zhànjù	动词 v.	to occupy; take up
9	举足轻重	jǔzúqīngzhòng	成语 sph.	hold the balance
10	地位	dìwèi	名词 n.	status; position; place
11	创新	chuàngxīn	动词 v.	to bring forth new ideas; to innovate
12	领域	lǐngyù	名词 n.	domain; field
13	电子	diànzǐ	名词 n.	electron
14	生物	shēngwù	名词 n.	biology
15	材料	cáiliào	名词 n.	materials
16	整体	zhěngtǐ	名词 n.	whole; overall
17	总部	zǒngbù	名词 n.	headquarters
18	研发	yánfā	词组 wg.	research and development
19	基地	jīdì	名词 n.	base
20	竞争力	jìngzhēnglì	名词 n.	competitiveness
21	得天独厚	détiāndúhòu	成语 sph.	favoured by nature
22	创业	chuàngyè	动词 v.	to set up a business
23	环境	huánjìng	名词 n.	environment; surroundings
24	包容	bāoróng	形容词 adj./ 动词 v.	tolerant; to tolerate
25	机遇	jīyù	名词 n.	opportunity

26	孕育	yùnyù	动词 v.	to breed
27	宽松	kuānsōng	形容词 adj.	loose and comfortable
28	意气风发	yìqìfēngfā	成语 sph.	high-spirited and vigorous
29	坚毅	jiānyì	形容词 adj.	firm and persistent
30	辛勤	xīnqín	形容词 adj.	hardworking
31	耕耘	gēngyún	动词 v.	to work or study diligently
32	筹备	chóubèi	动词 v.	to get ready for sth.
33	预算	yùsuàn	名词 n.	budget
34	代码	dàimǎ	名词 n.	code
35	虚拟	xūnǐ	形容词 adj.	virtual

1	珠江三角洲	Zhūjiāng Sānjiǎozhōu	Pearl River Delta of China
2	香港特区	Xiānggǎng Tèqū	Hong Kong Special Administrative Region
3	长城计算机	Chángchéng Jìsuànjī	China Great Wall Computer Group
4	创维	Chuàngwéi	Skyworth Group Co., Ltd.
5	康佳	Kāngjiā	KONKA Group Co., Ltd.
6	华强	Huáqiáng	Huaqiang Industry Co., Ltd.
7	大疆创新	Dàjiāng Chuàngxīn	SZ DJI Technology Co., Ltd.
8	金蝶	Jīndié	Kingdee International Software Group
9	腾讯	Téngxùn	Tencent Co., Ltd.
10	阿里巴巴	Ālǐbābā	Alibaba Group Co., Ltd.
11	百度	Bǎidù	Baidu Co., Ltd.
12	华大基因	Huádà Jīyīn	The Beijing Genomics Co., Ltd.
13	比亚迪	Bǐyàdí	BYD Co., Ltd.
14	马化腾	Mǎ Huàténg	Ma Huateng, a person's name
15	任正非	Rén Zhèngfēi	Ren Zhengfei, a person's name
16	王石	Wáng Shí	Wang Shi, a person's name
17	万科	Wànkē	China Vanke Co., Ltd.

二、课文 Text

课文音频

创业在深圳

深圳地处中国经济发达的珠江三角洲，毗邻香港特区，高新技术产业、金融服务、外贸出口、海洋运输发达，在中国经济中占据举足轻重的地位。其中，高新技术产业让深圳成为[1]中国创新型城市。

深圳高新技术的三大领域包括电子信息互联网、生物医药以及新能源、新材料产业。电子信息方面，以华为、中兴通讯、长城计算机、创维、康佳、华强、大疆创新、金蝶等一大批电子信息企业为[2]代表，它们在深圳迅速崛起，代表了深圳电子信息产业的整体实力，显示着深圳电子信息行业的强大。深圳市互联网产业发达，以腾讯、阿里巴巴、百度等为代表的大型互联网公司均在深圳设立总部或研发基地。生物医药方面，以华大基因为首，成为生物医药产业发展的新高地。新能源方面，比亚迪是在新能源汽车领域具有国际竞争力的知名企业。

作为中国的经济特区，深圳就如纽约一样，因为得天独厚的创业和工作环境，吸引了很多年轻人从全国各地而来。深圳年轻，包容，充满机遇，不仅孕育了很多成功的创业企业家，比如马化腾创办了腾讯公司，任正非创办了华为公司，王石创办了万科房地产公司等。而且由于宽松的创业环境，政府各种政策的支持，深圳也孕育了一批意气风发的小型企业创业者。年轻人带着梦想和坚毅，在深圳这片土地上辛勤地耕耘着属于自己的一片小天地！

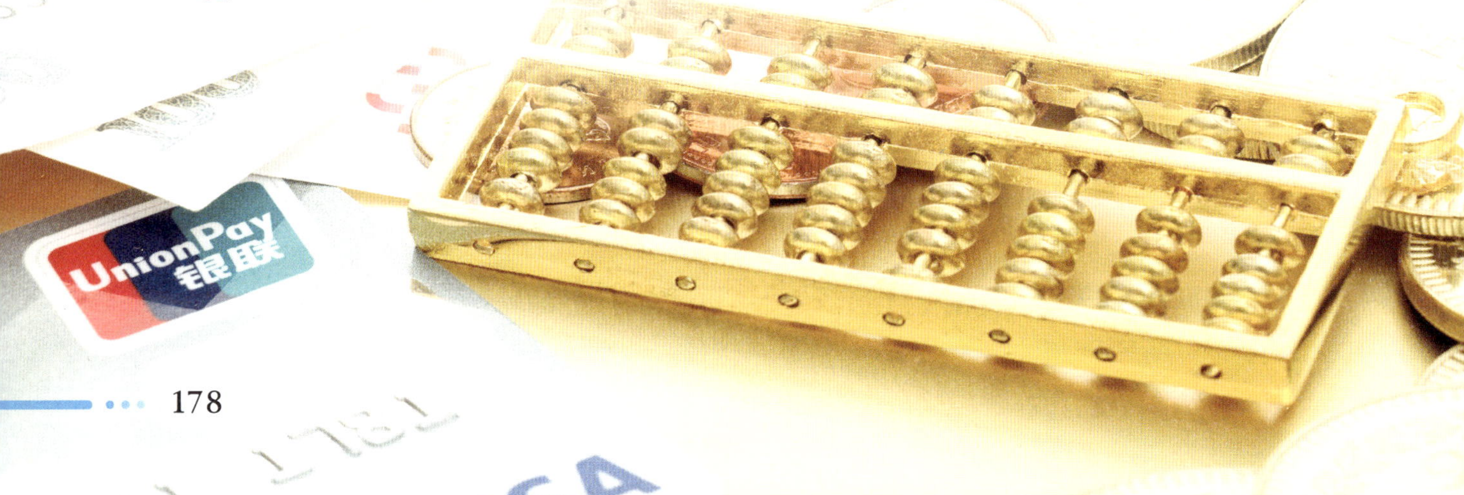

三、会话 Dialogues

1 在办公室

会话1音频

杨语玫：云舒，咱们的新公司筹备得怎么样？

楚云舒：我还在找新的办公室，可是深圳的写字楼租金实在是太高了，特别是福田商务中心那一带！我整个深圳跑了一圈下来，因为预算问题，还是没有找到一个合适的办公室。

王　骏：别着急，总有办法找到一个合适的！你的办公室租金预算是多少？大概需要多大的面积？

楚云舒：作为[3]一个初期创业的新公司，我们预期的团队是6个人（包括我），一个前台主要做行政工作，一个销售主要出去跑渠道、开发新客户以及维护客户，其余的员工主要负责开发程序和编写代码。所以我初期其实并不需要很大的办公室，大概60平方米就差不多了。租金的话肯定是越低越好，一万五以下最理想。

王　骏：这样的话，我建议你考虑一下深圳的服务型小办公室，也叫虚拟办公室。你租用精装的小面积办公室，但是可以共享接待大厅、会议室、洽谈室、茶座区及复印机等设备，你甚至不需要购买办公设备，因为房东都已经购置好了。一个办公室的租金在3 000 ~ 8 000元之间，面积不同租金就不同，我觉得这样的办公室非常适合小型的初期创业公司。

楚云舒：真的吗？听起来简直就是我想要找的办公室，而且我还能节省购买办公家具、设备的钱！你知道我可以去哪里找到这样的办公室吗？

王　骏：我知道啊，我帮你找几家这样的租赁公司，然后把联系方式给你，你直接联系它们吧。

楚云舒：太棒了！非常感谢你的帮忙！

2 在办公室

会话2音频

楚云舒： 王骏，我已经找到办公室了，就在福田的现代国际大厦11楼，你真是我的贵人！对了，我下一步需要进行招聘，你能推荐一些招聘的网站给我吗？

王　骏： 云舒，很高兴你找到了合适的办公室。关于招聘的话，一般我们会使用一些招聘网站，比如说智联招聘和51Job，都是非常受企业欢迎的招聘网站。在这些招聘网站上，你除了可以发布招聘岗位信息，还[4]可以自主在企业账号的后台搜索适合你公司岗位的简历。这样就可以从被动等待简历变成主动查找你认为合适的简历，然后联系他们，看看他们是否愿意过来面试。

楚云舒： 哇，你说的太实用了！我先联系一下这两家对比一下价格，看看哪一家的产品性价比更高。

王　骏： 好的。其实考虑到价格的话，你也可以对比一下58同城的招聘产品，相对价格比较低。另外，你也可以通过微信朋友圈宣传你需要招聘的岗位，然后通过你的微信朋友来推荐合适的人选，有时候朋友的推荐成功率更高！

楚云舒： 你说的很有道理，我得赶紧开始准备招聘的事宜了。真的非常感谢你的建议。

王　骏： 不客气，祝你一切顺利！

四、要点注释 Notes to the Text

1 让……成为……

一般的格式是：A让B成为C。例如：

（1）改革开放让深圳发展成为世界标杆城市。
（2）持之以恒地学习汉语让韩国人金正贤成为“中国通”。

2 以……为……

一般的格式是：A以B为C。例如：

（1）深圳大学以马化腾为校友创业成功的榜样。
（2）在深圳打拼多年的外乡人早已以这儿为自己的家乡。

3 作为

可以放在句首作状语，引出一个话题，也可以放在句中作状语。例如：

（1）作为一名老深圳，我对深圳的美食了如指掌、如数家珍。
（2）他作为来深圳多年的外国人，早已把这儿当成自己的第二故乡。

4 除了……还……

“除了”的宾语对应主句的谓语、宾语或单数主语时，只能用“还、也”表示加合关系。例如：

（1）留学生阿卡狄除了去过深圳的罗湖、福田、南山、盐田、龙岗，还去过宝安。
（2）深圳大学的留学生除了语言生、本科生以外，还有研究生。

五、练习 Exercises

1 选词填空

（举足轻重、得天独厚、意气风发、经济特区、实力、毗邻）

（1）中国一共有七个＿＿＿＿＿＿：分别是深圳、厦门、珠海、汕头、海南、喀什和霍尔果斯。

（2）企业之间竞争的关键是＿＿＿＿＿。

（3）珠海＿＿＿澳门，在经济发展中发挥越来越重要的作用。

（4）港珠澳大桥在促进我国经济发展方面有着＿＿＿＿＿的作用。

（5）深圳因其＿＿＿＿＿的创业环境，吸引了一批又一批的年轻人来这里创业。

（6）小龙今天看起来＿＿＿＿＿＿，肯定是遇到了什么好事情！

2 造句

（1）……以……为

＿＿＿＿＿＿＿＿＿＿＿＿＿＿＿＿＿＿＿＿＿＿＿＿＿＿＿＿＿＿

（2）除了……还……

＿＿＿＿＿＿＿＿＿＿＿＿＿＿＿＿＿＿＿＿＿＿＿＿＿＿＿＿＿＿

3 用指定的词语完成句子

（1）＿＿＿＿＿＿＿＿＿＿＿＿＿＿＿，参加这次比赛。（代表）

（2）深圳的GDP很高，＿＿＿＿＿＿＿＿＿＿＿＿＿。（占据）

（3）小李昨天离职了，＿＿＿＿＿＿＿＿＿＿＿＿＿。（招聘）

（4）只有做好充分的准备，＿＿＿＿＿＿＿＿＿＿＿＿。（机遇）

（5）为了适应新时代的发展，________________。（创新）

（6）________________，几乎能做所有的决策。（地位）

（7）中国目前出台了很多政策，________________。（创业）

（8）时间越来越紧张，________________。（筹备）

4 成段表达

你觉得年轻人应该创业吗？为什么？尽量用上以下词语。

（创业、环境、竞争力、机遇、压力、企业、行业、筹备、预算、渠道、管理、能力）

____

____

____

5 根据课文内容选择填空，完成概要重述

深圳（1）中国经济发达的珠江三角洲地区，有着众多发达的产业，对中国经济起着（2）的作用。其中，高新技术产业让深圳成为中国创新型城市。

深圳高新技术的三大领域包括电子信息互联网、生物医药以及（3）产业。在这三大领域里，一大批有实力的企业在深圳迅速崛起，代表了深圳高新技术产业的整体实力。

深圳作为中国的经济特区，凭借着得天独厚的创业和工作环境，吸引了许多来自四面八方的年轻人。深圳年轻，包容，充满机遇，（4）孕育了很多成功的创业企业家，而且由于宽松的创业环境，政府

各种政策的支持，深圳也（5）了一批意气风发的小型企业创业者。年轻人带着梦想与坚毅，在深圳这片土地努力地创造出属于（6）的一片小天地。

（1）（　　）A. 存在
B. 坐落在
C. 毗邻
D. 靠近

（2）（　　）A. 无足轻重
B. 至关重要
C. 不值一提
D. 可有可无

（3）（　　）A. 新能源、新素材
B. 新能量、新材料
C. 新能源、新材料
D. 新能量、新素材

（4）（　　）A. 不仅
B. 因为
C. 虽然
D. 既然

（5）（　　）A. 发生
B. 造成
C. 产生
D. 解决

（6）（　　）A. 他人

B. 深圳

C. 自己

D. 国家

6 根据文章内容选择正确答案

（1）楚云舒新公司的销售主要负责什么业务？（　　）

A. 开发软件和编写代码

B. 行政工作

C. 跑渠道，开发新客户以及维护客户

（2）深圳的服务型小办公室有哪些好处？（　　）

A. 交通便利

B. 节省租金以及购置办公用具的资金

C. 地方小

（3）楚云舒创业初期需要多少个员工？（　　）

A. 6个

B. 8个

C. 9个

（4）招聘网站除了可以发布招聘岗位信息，还有哪些功能？（　　）

A. 接收简历

B. 搜索简历

C. 安排面试

六、阅读 Reading

制造业的发展是深圳的立足之本

2014年，意大利裔美国商人迭戈·安托里尼从洛杉矶飞到深圳时，是希望寻找一些能为运动商品代工（dàigōng，original equipment manufacturer）的外贸机会。但他发现，深圳已逐渐成为科技企业的新宠（xīnchǒng，new favorite），越来越多的投资人瞄准了人工智能（réngōng zhìnéng，artificial intelligence）等领域。“科技发展带来了改变，但不能忘记的是，这座城市的主心骨（zhǔxīngǔ，backbone）仍然是产业”。安托里尼对《环球时报》的记者说，深圳已经成为一座闪闪发光（shǎnshǎn fāguāng，to dazzle with brilliance）的城市。越来越多的投资者追逐着科技创新企业的脚步，“无论是中国的发展还是深圳的发展，即使速度再快，都不能忽视实体产业，或者说，制造业的发展才是立足之本（lìzú zhī běn，foothold）”。

如今，除外贸生意外，安托里尼也在龙岗区帮助一家印刷厂开拓海外图书批发和印刷的生意。每当安托里尼从市中心换乘地铁和巴士来到郊外的龙岗工业区时，他看到的是不一样的深圳。这里聚集着厂房、工地和来往的工人。

对于近几年越来越多的劳动密集型工厂为追求便宜的土地和劳工从珠三角迁往东南亚的现象，安托里尼认为，这不会是持续的趋势。“作为外贸人，我去过越南和柬埔寨，看到了那些新兴的制造业中心。但中国在生产质量和全产业供应链方面仍然略胜一筹（lüèshèngyīchóu，slightly better）。”安托里尼说，中国或者说广东并没有失去“世界工厂”这个称号。未来深圳区域的功能定位会越来越明晰（míngxī，clear），一方

面，市中心以金融和科技企业为代表的产业崛起会将这座城市带入新的创新高地；另一方面，市郊不可剥离（bōlí，to peel）的制造业基地则会为这座城市源源不断（yuányuán bùduàn，continuously）地注入发展血液。

问题

（1）美国商人迭戈·安托里尼认为深圳这座城市的主心骨是什么？立足之本是什么？

____

（2）为什么安托里尼认为，近几年越来越多的劳动密集型工厂从珠三角迁往东南亚不会是持续的趋势？

____

（3）未来深圳区域的功能定位是什么？

____

Lesson Fifteen

第十五课 留学在深圳

要点：

1. 由
2. 动词＋为
3. 即
4. （从）数字1＋“到”＋数字2＋量词＋“不等”
5. 按照
6. 为了

一、生词 New Words and Expressions

字词音频

1	招收	zhāoshōu	动词 v.	to recruit；to take in
2	留学生	liúxuéshēng	名词 n.	overseas student
3	近年	jìnnián	名词 n.	recent years
4	承担	chéngdān	动词 v.	to bear；to undertake
5	学历生	xuélìshēng	名词 n.	degree in raw
6	培训	péixùn	动词 v.	to train
7	入门	rùmén	动词 v.	to introduce
8	即	jí	动词 v.	to be；to mean
9	本科生	běnkēshēng	名词 n.	undergraduate
10	经	jīng	动词 v.	to pass through
11	授权	shòuquán	动词 v.	to empower；to authorize
12	方向	fāngxiàng	名词 n.	direction；orientation
13	商务	shāngwù	名词 n.	business affairs
14	举办	jǔbàn	动词 v.	to hold
15	丰富多彩	fēngfùduōcǎi	成语 sph.	rich and colorful
16	课外	kèwài	区别词 dis.	extracurricular
17	名企	míngqǐ	名词 n.	famous enterprise
18	角	jiǎo	名词 n.	corner
19	摄影	shèyǐng	动词 v.	to take a photograph
20	绘画	huìhuà	动词 v./ 名词 n.	to draw；painting
21	及	jí	连词 conj.	and
22	摘	zhāi	动词 v.	to pick
23	便利	biànlì	形容词 adj.	convenient
24	一应俱全	yīyīngjùquán	成语 sph.	everything needed is ready
25	期刊	qīkān	名词 n.	periodical

26	设施	shèshī	名词 n.	facility
27	保障	bǎozhàng	名词 n./ 动词 v.	guarantee；to ensure
28	专门	zhuānmén	形容词 adj.	special
29	网站	wǎngzhàn	名词 n.	network station
30	设置	shèzhì	动词 v.	to set
31	级别	jíbié	名词 n.	rank
32	效果	xiàoguǒ	名词 n.	result
33	选修课	xuǎnxiūkè	名词 n.	optional course
34	水平	shuǐpíng	名词 n.	level
35	生意	shēngyi	名词 n.	business；trade

1	深圳大学	Shēnzhèn Dàxué	Shenzhen University
2	汉语水平考试	Hànyǔ Shuǐpíng Kǎoshì	Chinese Proficiency Test
3	太极拳	Tàijíquán	Shadowboxing

二、课文 Text

课文音频

留学在深圳

深圳的大学有深圳大学、南方科技大学、香港中文大学（深圳）、深圳技术大学、深圳职业技术学院、深圳信息职业技术学院、深圳北理莫斯科大学、深圳哈尔滨工业大学等，这些大学都有外国留学生。

深圳大学1986年10月成立国际文化交流中心，1987年开始招收来华留学生，学生来自六十多个国家和地区。近年来深圳大学每年有1 500名左右留学生在校学习。留学生的招生、教学及管理服务工作由[1]深圳大学国际交流学院承担。

国际交流学院的留学生分为[2]学历生和非学历生两种。非学历生可以根据自己的兴趣和需要选择为期半年至两年的语言培训课程。语言培训课程由浅入深分为入门、初级、中级、高级四个等级。学历生即[3]留学生汉语言文学本科生。国际交流学院自2010年起经教育部授权开始招收留学生本科生。本科生分为汉语言文化方向和商务汉语方向。2015年学校开始招收博士研究生，2019年起学院开始招收汉语国际教育硕士。

除了课堂教学，国际交流学院每个学期都会为留学生举办丰富多彩的课外活动：组织学生到深圳名企如腾讯、大疆公司参观，到知名景点观光，举办汉语角，指导学生参加摄影与绘画比赛等。通过这些活动，留学生不仅更深入地了解了中国文化，同时提升了自身说汉语的能力。学院的学生经常在全国举办的外国人汉语演讲及才艺大赛上摘得大奖。

深圳大学是华南地区重要的汉语水平考试（HSK）考点，可以提供汉语水平一级至六级的考试，考生可以选择传统考试或网络考试。

深圳大学校园生活极为便利。学校有十个餐厅，提供中餐、西餐、清真餐等。学校就像一个小社会，超市、邮局、医院、理发店等一应俱全。学校图书馆藏书三百多万册，有四万多种电子期刊，二百多个CD-ROM和网络数据库。学校体育和文化设施完备，有乒乓球馆、保龄球馆、游泳馆、高尔夫练习场和很多篮球场、网球场，还有一座艺术馆和一栋创作楼。学校有五栋留学生宿舍楼，可以申请入住。当然，留学生也可以选择校外住宿。

深圳大学为来华留学生的学习和生活提供了有力的保障。深圳大学热情欢迎来自世界各地的留学生朋友！

三、会话 Dialogues

会话1音频

1 在公司

朴正元：我来中国半年了，汉语还没学会多少。我想去学校学习汉语。你说我去哪个学校好呢？

楚云舒：去深圳大学吧。那个大学的国际交流学院是专门教外国人学汉语的。戴维就在那儿学习过。戴维，麻烦你介绍一下。

朴正元：要学多长时间呢？

戴　维：学习时间是半年到两年不等[4]，看你的兴趣和需要。

朴正元：我什么时候可以去报名学习呢？

戴　维：一般一学年有两个学期，分别是春季学期和秋季学期，需要提前在网上报名。春季学期是二月份开学的，秋季学期是九月份开学的，你在哪个学期报名都可以。

朴正元：我怎么联系国际交流学院呢？

戴　维：www.lxs.szu.edu.cn，这是深圳大学国际交流学院的网站，在网站首页点击"在线报名"就可以了。

朴正元：太好了！谢谢你啊！

会话2音频

2 在国际交流学院办公室

朴正元：老师您好！我想报名学习汉语。

涂老师：好啊，欢迎！

朴正元：你们有多少个班呢？

涂老师：我们按照[5]留学生的汉语水平设置了入门、初级、中级、高级四个级别的班级。除了高级班外，其他三个级别又都细分为A、B两个等级。语言生有二十多个班级。

朴正元：每个班有多少学生呢？

涂老师：为了[6]保证语言学习效果，我们是小班教学。一般一个班在二十人左右，超过二十人就要分班了。

朴正元：你们都有什么课程呢？

涂老师：语言培训课程主要有汉语口语、听力、阅读、综合、写作、报刊选读、中国文化等。我们还有一些选修课，如广东话、中国画、汉字书法、太极拳、剪纸、二胡基础等课程。

朴正元：我应该上哪个班呢？

涂老师：我们的任课老师需要测试一下你的语言水平，测试完后告诉你适合上哪个班级。

朴正元：我以后想跟中国人做生意，想学习商务汉语，你们有没有这方面的课程呢？

涂老师：我们有一个商务汉语班，开设商务汉语综合、商务汉语听说、商务汉语阅读等课程，在这个班上你可以学到一些商务方面的知识。

朴正元：请问是什么时间上课？

涂老师：从周一到周五，我们上午、下午都上课，各上四节课。

朴正元：我还想知道HSK水平考试方面的情况。

涂老师：我校有深圳唯一的汉语水平考试中心，曾两次获得国家汉办的优秀考点称号。

朴正元：太好了。请问有辅导班吗？

涂老师：有的。有HSK和BCT两种考试的辅导班。

朴正元：谢谢您的介绍。

涂老师：不客气，这是我应该做的。欢迎入读国际交流学院！

四、要点注释 Notes to the Text

1 由

介词，引进施动者，代表受动者的部分可以放在前面作主语，也可以放在动词后作宾语。例如：

（1）招聘新职员的事情由人力资源部负责。
（2）学什么专业由你自己决定。
（3）下个星期由我们组打扫教室卫生。

2 动词＋为

这一结构后面所接内容是经由某种动作行为后产生的结果。“为”读wéi，动词。例如：

（1）这所大学的排名已经上升为第三名了。
（2）这家店原来是卖自行车的，现在改为花店了。
（3）电视、冰箱、洗衣机、热水器等统称为家用电器。
（4）他们在相恋三年后结为夫妻。

3 即

动词，“即”的后面是对“即”前面词语的解释说明。例如：

（1）“丁克”家庭即夫妻双方都有收入但是不要孩子的家庭。
（2）跨文化交际即不同文化背景的人之间进行的交际。
（3）“月光族”即每个月的工资都花光的人群。

4 （从）数字1+“到”+数字2+量词+“不等”

表示在一定范围内数量上的不同。譬如：

（1）这些帽子的价格从一百到三百元不等。
（2）这些孩子的年龄五到十岁不等。
（3）每个村子的人口从几百到几千人不等。

5 按照

介词，表示遵从某种标准。例如：

（1）按照现在的速度，我们一小时内可以到达。
（2）按照客户的要求，我们的方案又做了一次修改。
（3）按照他的说法，这样是不能减肥的。

6 为了

为了+动词/小句，表示原因、目的。例如：

（1）为了照顾、陪伴孩子，她辞掉了工作。
（2）为了大家出行方便，这个小区新开了一个门。
（3）为了更好地了解中国文化，他来中国学习了。

五、练习 Exercises

1 选词填空

（承担、负担　　举办、举行　　便利、便捷）

（1）我们不仅要享受权利，而且还应__________义务。

（2）为了减轻学生的__________，学校相应地减少课程，增加了课外活动。

（3）班级会议将在二楼教室__________。

（4）元旦，我们班成功__________了一场热闹的联欢晚会。

（5）这种牌子的自行车使用起来非常__________。

（6）深圳大学校园生活极为__________。

2 造句

（1）为了……

____

（2）（从）……到……不等

____

（3）丰富多彩

____

（4）一应俱全

____

3 用指定的词语完成句子

（1）深圳大学的国际交流学院____________________。（招收）

（2）只有获得了____________，国际交流学院才可以进行招生。（授权）

（3）请同学们____________________回答下列问题。（按照）

（4）学校经常____________________，如演讲、摄影与绘画比赛等。（举办）

（5）深圳大学留学生的招生工作____________________。（由）

（6）为了给即将回国的同学送行，王芳________________一份特别的礼物。（专门）

（7）国际交流学院的学历生____________________。（即）

（8）这种药______________________________。（效果）

4 成段表达

通过对课文内容的学习，请你结合自身的留学经历，谈一谈在深圳大学留学的见闻和感受，尽量用上以下词语。

（由、留学生、入门、方向、丰富多彩、及、提升、设施、保障、级别、选修课、水平）

____

____

____

5 根据课文内容选择填空，完成概要重述

深圳大学自1987年开始招收来华留学生，留学生的（1）工作由深圳大学国际交流学院承担。

国际交流学院的留学生分为（2）两种。非学历生可以根据自己的兴趣和需要选择为期半年至两年的语言培训课程。语言培训课程（3）分为入门、初级、中级、高级四个等级。学历生即留学生汉语言文学本科生，分为汉语言文化方向和商务汉语方向。

除了课堂教学，国际交流学院每年为留学生举办（4）的课外活动。通过这些活动，留学生不仅更深入地了解了中国文化，同时提升了自身的能力。

深圳大学是华南地区重要的HSK考点，可以提供HSK一级至六级的考试，考生可以选择（5）或网络考试。

深圳大学校园生活极为便利。学校有十个餐厅，超市、邮局、医院、理发店等一应俱全。学校体育和文化设施（6），有乒乓球馆、保龄球馆、游泳馆、高尔夫练习场和很多篮球场、网球场，有一座艺术馆和一栋创作楼。学校有五栋留学生宿舍楼，可以申请入住。当然，留学生也可以选择校外住宿。

（1）（　　）A. 招生、教学及考核
B. 招生、教学及管理服务
C. 招生、教学
D. 教学及考核

（2）（　　）A. 学历生和非学历生
B. 欧美留学生和非欧美留学生
C. 本地学生和留学生
D. 亚洲留学生和非亚洲留学生

（3）（　　）A. 由低到高
B. 由高到低
C. 由深入浅
D. 由浅入深

（4）（　　）A. 丰富多彩
B. 眼花缭乱
C. 索然无味
D. 趣味横生

（5）（　　）A. 面试考试
B. 传统考试
C. 免试
D. 问答考试

（6）（　　）A. 完整
B. 缺乏
C. 完备
D. 残破

6 根据文章内容选择正确答案

（1）国际交流学院的学历生分为哪些方向？（　　）

A. 汉语言文学方向　　B. 经济学方向

C. 汉语言文化方向和商务汉语方向　　D. 管理学方向

（2）以下哪个选项不属于为留学生举办的课外活动？（　　）

A. 到深圳名企参观

B. 到深圳企业实习

C. 到深圳知名景点观光

D. 到汉语角练习汉语

（3）深圳大学校园生活极为便利，以下对深圳大学的描述不正确的是：（　　）。

A. 学校有十个餐厅和完备的文化设施

B. 学校里超市、邮局、医院、理发店等，一应俱全

C. 学校有一座艺术馆和一栋创作楼

D. 学校有三栋留学生宿舍

（4）深圳大学国际交流学院的汉语课程时长为：（　　）。

A. 半年　　B. 一年

C. 两年　　D. 半年到两年不等

（5）以下哪个选项不属于国际交流学院商务汉语班的课程？（　　）

A. 商务汉语综合　　B. 商务汉语文化

C. 商务汉语听说　　D. 商务汉语阅读

六、阅读 Reading

深圳能招收留学生的大学简介

1. 深圳大学

深圳大学是深圳市唯一的一所综合性大学，也是深圳市规模最大的一所本科院校，2006年1月经国务院学位委员会批准为博士学位授予单位。

2. 南方科技大学

南方科技大学，简称“南科大”，是深圳市创办的一所创新型大学，目标是迅速建成国际化高水平研究型大学，建成中国重大科学技术研究与拔尖创新人才培养的重要基地。南科大以理学、工学学科为主，兼具部分特色人文社会学科与经济、管理等学科。

3. 香港中文大学（深圳）

香港中文大学（深圳）系中外合作大学联盟成员，是香港中文大学与深圳市人民政府、深圳大学合作共同建立的一所一流研究型大学。

4. 深圳技术大学

深圳技术大学以先进制造、高端制造领域工科教育为主，重点培养本科、专业硕士层次的高水平工程师、设计师。学校对标德国应用技术教育，实行“学历教育+企业实训”的“双元制”培养模式。

5. 深圳广播电视大学

深圳广播电视大学创办于1980年，是深圳市唯一一所公办成人高校，主要承担成人高等学历教育，属全国44所省级电大之一；学历得到世界上150多个国家和地区的承认，被誉为“国际学历绿卡”。

6. 深圳北理莫斯科大学

深圳北理莫斯科大学是由深圳市人民政府、北京理工大学和莫斯科国立罗蒙诺索夫大学三方合作举办的非营利性中外合作办学机构。2016年10月27日，学校获教育部批准正式设立。

7. 哈尔滨工业大学（深圳）

哈尔滨工业大学（深圳）以全日制本科生与研究生教育为主，非全日制教育为辅，是最早进驻深圳招收本科生的中国九校联盟（C9）成员、世界一流大学建设高校。

8. 深圳信息职业技术学院

深圳信息职业技术学院创办于2002年4月，是经广东省人民政府批准、教育部备案，由深圳市人民政府举办的公办全日制高等院校。学校现为中国特色高水平高职学校和专业建设计划第一轮建设单位（B档），国家示范（骨干）高职院校、国家示范性软件职业技术学院、教育部“中德职教汽车机电合作项目”试点院校，现拥有3个国家级高等职业教育专业教学资源库（含1个备选项目）。

（1）南方科技大学的办学目标是什么？

（2）香港中文大学（深圳）是香港的大学吗？

（3）深圳广播电视大学是一所什么大学？

（4）深圳北理莫斯科大学是怎么样的一所大学？

附录1 Appendix 1 全书课文与会话生词表 Vocabulary List of All Texts and Conversations

（续表）

序号	生词	拼音	课别	字母
1	A股	Ā gǔ	11	A
2	安全带	ānquándài	1	
3	B股	B gǔ	11	
4	白领	báilǐng	1	
5	白手起家	báishǒuqǐjiā	1	
6	办妥	bàntuǒ	9	
7	半导体	bàndǎotǐ	7	
8	包容	bāoróng	14	
9	饱和	bǎohé	10	
10	保税区	bǎoshuìqū	5	
11	保险	bǎoxiǎn	11	
12	保障	bǎozhàng	15	
13	报告	bàogào	3	
14	报关	bàoguān	9	
15	备选	bèixuǎn	6	
16	背景	bèijǐng	12	
17	被	bèi	13	B
18	本行	běnháng	6	
19	本科生	běnkēshēng	15	
20	本土	běntǔ	7	
21	便	biàn	12	
22	便捷	biànjié	9	
23	便利	biànlì	15	
24	冰山一角	bīngshānyījiǎo	12	
25	博士	bóshì	1	
26	补习	bǔxí	2	
27	不顾	bùgù	3	
28	不及	bùjí	10	
29	不无	bùwú	8	
30	步伐	bùfá	6	
31	步骤	bùzhòu	6	
32	材料	cáiliào	14	
33	财产险	cáichǎnxiǎn	11	
34	财务	cáiwù	2	
35	采办	cǎibàn	10	C
36	采购	cǎigòu	5	
37	参展商	cānzhǎnshāng	8	
38	灿烂	cànlàn	1	

序号	生词	拼音	课别	字母
39	层次	céngcì	13	
40	差距	chājù	6	
41	查询	cháxún	12	
42	产业	chǎnyè	14	
43	产业带	chǎnyèdài	8	
44	产值	chǎnzhí	9	
45	尝试	chángshì	4	
46	尝鲜	chángxiān	6	
47	常驻	chángzhù	5	
48	厂房	chǎngfáng	9	
49	场合	chǎnghé	2	
50	超额	chāo'é	12	
51	潮流	cháoliú	12	
52	车辆	chēliàng	1	
53	成本	chéngběn	12	
54	成交额	chéngjiāo'é	11	
55	成年人	chéngniánrén	13	
56	成长	chéngzhǎng	6	C
57	诚恳	chéngkěn	1	
58	诚心	chéngxīn	9	
59	承保额	chéngbǎo'é	11	
60	承担	chéngdān	15	
61	程序	chéngxù	11	
62	持	chí	13	
63	重构	chónggòu	12	
64	抽空	chōukòng	10	
65	筹备	chóubèi	14	
66	出口	chūkǒu	5	
67	出谋划策	chūmóuhuàcè	1	
68	触手可及	chùshǒukějí	1	
69	传媒业	chuánméiyè	6	
70	窗户	chuānghu	1	
71	创建	chuàngjiàn	7	
72	创新	chuàngxīn	14	
73	创业	chuàngyè	14	
74	促	cù	9	
75	搭档	dādàng	3	D
76	搭建	dājiàn	8	

（续表）

序号	生词	拼音	课别	字母
77	达	dá	11	
78	答复	dá fù	13	
79	打败	dǎbài	10	
80	打拼	dǎpīn	12	
81	大厨	dàchú	7	
82	大力	dàlì	10	
83	大名鼎鼎	dàmíngdǐngdǐng	3	
84	大气候	dàqìhòu	3	
85	大师	dàshī	2	
86	大受青睐	dàshòuqīnglài	11	
87	大数据	dàshùjù	12	
88	大有可为	dàyǒukěwéi	6	
89	大有人在	dàyǒurénzài	7	
90	待会儿	dāihuìr	12	
91	代表团	dàibiǎotuán	8	
92	代理	dàilǐ	9	
93	代码	dàimǎ	14	
94	代销	dàixiāo	11	
95	带动	dàidòng	9	
96	待遇	dàiyù	4	
97	单间	dānjiān	12	
98	单一	dānyī	7	D
99	诞生	dànshēng	12	
100	蛋糕	dàngāo	6	
101	当地	dāngdì	10	
102	导向	dǎoxiàng	7	
103	得天独厚	détiāndúhòu	14	
104	登记	dēngjì	5	
105	等于	děngyú	11	
106	的确	díquè	3	
107	底蕴	dǐyùn	10	
108	地处	dìchǔ	14	
109	地带	dìdài	2	
110	地位	dìwèi	14	
111	第三产业	dìsānchǎnyè	9	
112	电气	diànqì	4	
113	电信	diànxìn	4	
114	电子	diànzǐ	14	
115	店家	diànjiā	12	
116	店铺	diànpù	10	
117	店长	diànzhǎng	7	
118	调查	diàochá	3	
119	定居	dìngjū	13	

（续表）

序号	生词	拼音	课别	字母
120	定位	dìngwèi	3	
121	兜风	dōufēng	2	
122	都	dū	13	D
123	独资	dúzī	4	
124	对于	duìyú	12	
125	多亏	duōkuī	12	
126	而	ér	12	E
127	耳熟能详	ěrshúnéngxiáng	10	
128	发表	fābiǎo	8	
129	发布	fābù	13	
130	发达	fādá	14	
131	发挥	fāhuī	7	
132	发行	fāxíng	11	
133	发展	fāzhǎn	9	
134	凡是	fánshì	5	
135	反映	fǎnyìng	8	
136	反正	fǎnzhèng	11	
137	反作用	fǎnzuòyòng	7	
138	方向	fāngxiàng	15	
139	方向盘	fāngxiàngpán	7	
140	房产	fángchǎn	4	
141	纺织	fǎngzhī	6	
142	放宽	fàngkuān	5	
143	放弃	fàngqì	7	
144	非	fēi	12	F
145	费	fèi	13	
146	费神	fèishén	5	
147	分工	fēngōng	8	
148	丰富多彩	fēngfù duōcǎi	15	
149	丰厚	fēnghòu	5	
150	风景画	fēngjǐnghuà	1	
151	风水	fēngshuǐ	6	
152	封闭式	fēngbìshì	11	
153	凤凰	fènghuáng	1	
154	夫妻	fūqī	13	
155	服务	fúwù	5	
156	俯视	fǔshì	1	
157	辅导	fǔdǎo	13	
158	负	fù	9	
159	负责	fùzé	2	
160	副	fù	2	
161	概念	gàiniàn	11	G
162	干杯	gānbēi	2	

（续表）

序号	生词	拼音	课别	字母
163	钢琴	gāngqín	13	
164	港资	gǎngzī	10	
165	高大上	gāodàshàng	12	
166	高效	gāoxiào	4	
167	高新技术	gāoxīn jìshù	14	
168	个体	gètǐ	3	
169	各位	gèwèi	12	
170	根本性	gēnběnxìng	12	
171	跟踪	gēnzōng	5	
172	耕耘	gēngyún	14	
173	工程学	gōngchéngxué	1	
174	工商户	gōngshānghù	3	
175	公安局	gōngānjú	13	
176	公民	gōngmín	6	
177	公司	gōngsī	4	
178	功夫	gōngfu	9	
179	共享	gòngxiǎng	12	
180	贡献	gòngxiàn	13	
181	勾起	gōuqǐ	10	
182	构建	gòujiàn	12	G
183	估价	gūjià	6	
184	古色古香	gǔsègǔxiāng	10	
185	股比	gǔbǐ	5	
186	股市	gǔshì	3	
187	鼓励	gǔlì	5	
188	顾名思义	gùmíngsīyì	9	
189	挂牌	guàpái	11	
190	关键	guānjiàn	7	
191	关系	guānxì	8	
192	关照	guānzhào	2	
193	观光	guānguāng	8	
194	管理	guǎnlǐ	2	
195	管理局	guǎnlǐjú	9	
196	光电	guāngdiàn	7	
197	规则	guīzé	11	
198	硅谷	guīgǔ	2	
199	贵宾室	guìbīnshì	4	
200	国民	guómín	4	
201	过来人	guòláirén	12	
202	海拔	hǎibá	6	
203	海归	hǎiguī	1	H
204	涵盖	hángài	7	

（续表）

序号	生词	拼音	课别	字母
205	航班	hángbān	1	
206	合法	héfǎ	13	
207	合资	hézī	4	
208	合租	hézū	12	
209	合作	hézuò	2	
210	核准	hézhǔn	4	
211	宏观	hóngguān	3	
212	后来居上	hòuláijūshàng	11	
213	互动	hùdòng	7	
214	互联网	hùliánwǎng	12	H
215	护照	hùzhào	12	
216	欢呼	huānhū	1	
217	环保	huánbǎo	6	
218	环境	huánjìng	14	
219	回报	huíbào	5	
220	绘画	huìhuà	15	
221	伙伴	huǒbàn	2	
222	豁然开朗	huòránkāilǎng	13	
223	机构	jīgòu	4	
224	机械	jīxiè	4	
225	机遇	jīyù	14	
226	积极	jījí	7	
227	基地	jīdì	14	
228	基金	jījīn	3	
229	激烈	jīliè	5	
230	及	jí	15	
231	级别	jíbié	15	
232	即	jí	15	
233	急切	jíqiè	1	
234	集	jí	8	
235	籍	jí	13	J
236	季度	jìdù	3	
237	加工区	jiāgōngqū	5	
238	加盟	jiāméng	1	
239	家喻户晓	jiāyùhùxiǎo	11	
240	驾驶员	jiàshǐyuán	7	
241	坚毅	jiānyì	14	
242	兼	jiān	6	
243	检查	jiǎnchá	1	
244	讲解	jiǎngjiě	9	
245	降落	jiàngluò	1	
246	交际	jiāojì	12	
247	交往	jiāowǎng	2	
248	骄傲	jiāo'ào	13	

（续表）

序号	生词	拼音	课别	字母
249	角	jiǎo	15	J
250	轿车	jiàochē	4	
251	接轨	jiēguǐ	1	
252	接受	jiēshòu	11	
253	街区	jiēqū	10	
254	节	jié	11	
255	节省	jiéshěng	5	
256	届时	jièshí	8	
257	金领	jīnlǐng	7	
258	金融	jīnróng	14	
259	金属	jīnshǔ	6	
260	紧锁	jǐnsuǒ	4	
261	尽可能	jìnkěnéng	5	
262	进驻	jìnzhù	5	
263	近年	jìnnián	15	
264	经	jīng	15	
265	经济学	jīngjìxué	8	
266	经理	jīnglǐ	2	
267	经验	jīngyàn	2	
268	经营	jīngyíng	4	
269	精神	jīngshén	5	
270	精心	jīngxīn	4	
271	精英	jīngyīng	2	
272	竞争	jìngzhēng	5	
273	竞争力	jìngzhēnglì	14	
274	就学	jiùxué	2	
275	居留权	jūliúquán	13	
276	举办	jǔbàn	15	
277	举措	jǔcuò	8	
278	举足轻重	jǔzúqīngzhòng	14	
279	聚餐	jùcān	12	
280	聚会	jùhuì	2	
281	聚集	jùjí	2	
282	决策	juécè	6	
283	绝佳	juéjiā	12	
284	崛起	juéqǐ	12	
285	开发	kāifā	8	K
286	开放式	kāifàngshì	11	
287	开户	kāihù	11	
288	看好	kànhǎo	3	
289	考察	kǎochá	6	
290	烤	kǎo	6	

（续表）

序号	生词	拼音	课别	字母
291	科技界	kējìjiè	2	K
292	渴望	kěwàng	7	
293	客户	kèhù	2	
294	课题	kètí	12	
295	课外	kèwài	15	
296	空姐	kōngjiě	1	
297	恐怕	kǒngpà	10	
298	苦苦	kǔkǔ	1	
299	酷爱	kùài	2	
300	跨国	kuàguó	5	
301	会计师	kuàijìshī	4	
302	快速	kuàisù	9	
303	筷子	kuàizi	10	
304	宽松	kuānsōng	14	
305	困惑	kùnhuò	4	
306	困扰	kùnrǎo	13	
307	蓝领	lánlǐng	7	L
308	揽才	lǎncái	7	
309	老年人	lǎoniánrén	13	
310	乐此不疲	lècǐbùpí	2	
311	乐园	lèyuán	1	
312	乐子	lèzi	6	
313	累计	lěijì	10	
314	离不开	líbùkāi	12	
315	立刻	lìkè	12	
316	联运	liányùn	1	
317	良性	liángxìng	10	
318	亮点	liàngdiǎn	8	
319	量子	liàngzǐ	3	
320	聆听	língtīng	3	
321	零部件	língbùjiàn	4	
322	零售业	língshòuyè	6	
323	领域	lǐngyù	14	
324	令	lìng	2	
325	留念	liúniàn	3	
326	留学生	liúxuéshēng	15	
327	论证	lùnzhèng	3	
328	萝卜	luóbo	10	
329	落户	luòhù	3	
330	绿卡	lùkǎ	13	
331	绿色	lǜsè	6	
332	满	mǎn	13	M
333	眉头	méitóu	4	

（续表）

序号	生词	拼音	课别	字母
334	媒体	méitǐ	8	
335	美容	měiróng	3	
336	美誉	měiyù	13	
337	门槛	ménkǎn	5	
338	免得	miǎnde	9	
339	瞄准	miáozhǔn	7	
340	妙处	miàochù	10	
341	名牌	míngpái	11	M
342	名品	míngpǐn	10	
343	名企	míngqǐ	15	
344	明星	míngxīng	2	
345	命运	mìngyùn	3	
346	模式	móshì	10	
347	默契	mòqì	2	
348	目标	mùbiāo	6	
349	目不暇接	mùbùxiájiē	2	
350	哪怕	nǎpà	10	
351	奶酪	nǎilào	6	
352	耐心	nàixīn	4	
353	内地	nèidì	10	
354	内资	nèizī	10	N
355	能源	néngyuán	3	
356	年底	niándǐ	11	
357	年检	niánjiǎn	5	
358	农场主	nóngchǎngzhǔ	6	
359	农业	nóngyè	6	
360	牌楼	páilou	10	
361	派送	pàisòng	12	
362	庞大	pángdà	11	
363	培训	péixùn	15	
364	配送	pèi sòng	9	
365	配套	pèitào	4	
366	盆地	péndì	6	
367	批复	pīfù	11	
368	批准	pīzhǔn	5	P
369	披红挂绿	pīhóngguàlǜ	10	
370	毗邻	pílín	14	
371	匹配	pǐpèi	12	
372	媲美	pìměi	1	
373	片区	piànqū	8	
374	拼	pīn	12	
375	平等	píngděng	10	
376	平台	píngtái	8	

（续表）

序号	生词	拼音	课别	字母
377	平稳	píngwěn	11	P
378	期待	qīdài	11	
379	期刊	qīkān	15	
380	企业	qǐyè	4	
381	启动	qǐdòng	8	
382	千里马	qiānlǐmǎ	7	
383	签名	qiānmíng	3	
384	签证	qiānzhèng	13	
385	潜力	qiánlì	3	
386	强劲	qiángjìng	5	
387	抢	qiǎng	10	
388	翘首以待	qiáoshǒuyǐdài	7	
389	悄然	qiǎorán	7	Q
390	亲属	qīnshǔ	13	
391	青菜	qīngcài	10	
392	轻柔	qīngróu	1	
393	区域	qūyù	9	
394	趋于	qūyú	11	
395	渠道	qúdào	11	
396	全方位	quán fāngwèi	9	
397	全球	quánqiú	8	
398	全新	quánxīn	12	
399	缺点	quēdiǎn	4	
400	缺乏	quēfá	2	
401	热门	rèmén	8	
402	热切	rèqiè	3	
403	热心	rèxīn	12	
404	人群	rénqún	11	
405	人身险	rénshēnxiǎn	11	
406	人事	rénshì	2	
407	认购	rèngòu	11	
408	任	rèn	13	R
409	任职	rènzhí	13	
410	日新月异	rìxīnyuèyì	1	
411	如鱼得水	rúyúdéshuǐ	10	
412	乳鸽	rǔgē	6	
413	入门	rùmén	15	
414	入托	rùtuō	2	
415	商务	shāngwù	15	
416	上市	shàngshì	11	S
417	上涨	shàngzhǎng	12	
418	舍友	shèyǒu	12	

（续表）

序号	生词	拼音	课别	字母
419	设备	shèbèi	4	S
420	设施	shèshī	15	
421	设置	shèzhì	15	
422	涉及	shèjí	5	
423	摄影	shèyǐng	15	
424	申报	shēnbào	5	
425	申购	shēngòu	11	
426	申请	shēnqǐng	4	
427	身份	shēnfen	13	
428	深入人心	shēnrùrénxīn	12	
429	审批	shěnpī	4	
430	甚至	shènzhì	8	
431	升迁	shēngqiān	7	
432	生态	shēngtài	8	
433	生物	shēngwù	14	
434	生意	shēngyi	15	
435	省	shěng	8	
436	盛会	shènghuì	8	
437	实地	shídì	6	
438	实惠	shíhuì	5	
439	实力	shílì	5	
440	实时	shíshí	12	
441	实在	shízài	12	
442	使用权	shǐyòngquán	12	
443	市长	shìzhǎng	13	
444	势不可当	shìbùkědǎng	12	
445	事务所	shìwùsuǒ	4	
446	适应	shìyìng	2	
447	收获	shōuhuò	2	
448	收益	shōuyì	3	
449	首席	shǒuxí	6	
450	首要	shǒuyào	12	
451	授权	shòuquán	15	
452	舒展	shūzhǎn	4	
453	数额	shù'é	13	
454	双赢	shuāngyíng	10	
455	水电	shuǐdiàn	9	
456	水库	shuǐkù	6	
457	水平	shuǐpíng	15	
458	税法	shuìfǎ	5	
459	税收	shuìshōu	9	

（续表）

序号	生词	拼音	课别	字母
460	顺畅	shùnchàng	8	S
461	顺利	shùnlì	12	
462	司	sī	13	
463	司长	sīzhǎng	13	
464	思索	sīsuǒ	1	
465	似乎	sìhū	10	
466	塑料	sùliào	6	
467	随和	suíhé	12	
468	随后	suíhòu	10	
469	所得税	suǒdéshuì	4	
470	所有权	suǒyǒuquán	12	
471	淘汰	táotài	5	T
472	特地	tèdì	2	
473	提	tí	13	
474	提升	tíshēng	3	
475	体系	tǐxì	8	
476	添	tiān	10	
477	贴近	tiējìn	1	
478	同比	tóngbǐ	9	
479	同行	tóngháng	7	
480	统管	tǒngguǎn	9	
481	投靠	tóukào	13	
482	投入	tóurù	8	
483	投资家	tóuzī jiā	7	
484	透明	tòumíng	5	
485	土地	tǔdì	4	
486	团聚	tuánjù	13	
487	推动	tuīdòng	13	
488	屯集	túnjí	10	
489	外汇	wàihuì	5	W
490	外卖	wàimài	12	
491	外向型	wàixiàngxíng	9	
492	外销	wàixiāo	9	
493	完备	wánbèi	8	
494	完善	wánshàn	2	
495	挽留	wǎnliú	1	
496	莞尔	wǎn'ěr	6	
497	网站	wǎngzhàn	15	
498	微信	wēixìn	12	
499	委托人	wěituōrén	13	
500	未	wèi	13	
501	未婚	wèihūn	13	
502	未来	wèilái	7	
503	稳操胜券	wěncāoshèngquàn	3	

（续表）

序号	生词	拼音	课别	字母
504	沃壤	wòrǎng	9	
505	握手	wòshǒu	3	
506	无偿	wúcháng	5	
507	梧桐树	wútóng shù	1	W
508	物价	wùjià	12	
509	物流	wùliú	9	
510	物业	wùyè	2	
511	席卷	xíjuǎn	12	
512	下设	xiàshè	9	
513	下载	xiàzài	12	
514	闲置	xiánzhì	12	
515	县城	xiànchéng	1	
516	详细	xiángxì	9	
517	享受	xiǎngshòu	12	
518	享有	xiǎngyǒu	4	
519	想方设法	xiǎngfāngshèfǎ	3	
520	项目	xiàngmù	2	
521	巷子	xiàngzi	8	
522	销售额	xiāoshòué	10	
523	效果	xiàoguǒ	15	
524	效率	xiàolǜ	12	
525	协商	xiéshāng	8	
526	协调	xiétiáo	4	
527	写字楼	xiězìlóu	9	
528	心底	xīndǐ	1	
529	心甘情愿	xīngānqíngyuàn	9	X
530	心悦诚服	xīnyuèchéngfú	9	
531	辛勤	xīnqín	14	
532	欣然	xīnrán	6	
533	新宠	xīnchǒng	6	
534	新颖	xīnyǐng	8	
535	信息	xìnxī	1	
536	信心	xìnxīn	9	
537	星罗棋布	xīngluóqíbù	1	
538	兴旺	xīngwàng	10	
539	形成	xíngchéng	12	
540	兴致勃勃	xìngzhì bóbó	2	
541	雄厚	xiónghòu	5	
542	虚拟	xūnǐ	14	
543	虚位以待	xūwèiyǐdài	7	
544	许多	xǔduō	12	
545	选修课	xuǎnxiūkè	15	
546	学历生	xuélìshēng	15	

（续表）

序号	生词	拼音	课别	字母
547	迅速	xùnsù	9	X
548	压力重重	yālì chóngchóng	12	
549	研发	yánfā	14	
550	眼花缭乱	yǎnhuāliáoluàn	12	
551	演讲	yǎnjiǎng	3	
552	演说	yǎnshuō	8	
553	邀请	yāoqǐng	1	
554	一筹莫展	yīchóumòzhǎn	4	
555	一帆风顺	yīfānfēngshùn	4	
556	一年半载	yīniánbànzǎi	10	
557	一条龙	yītiáolóng	4	
558	一言为定	yīyánwéidìng	2	
559	一应俱全	yīyīngjùquán	15	
560	衣冠楚楚	yīguānchǔchǔ	4	
561	医药	yīyào	6	
562	依托	yītuō	8	
563	仪器	yíqì	4	
564	移动	yídòng	12	
565	移民	yímín	1	
566	已然	yǐrán	12	
567	以上	yǐshàng	5	
568	以至于	yǐzhìyú	9	Y
569	义无反顾	yìwúfǎngù	1	
570	异地	yìdì	9	
571	意气风发	yìqìfēngfā	14	
572	意识	yìshí	11	
573	因素	yīnsù	3	
574	引领	yǐnlǐng	6	
575	盈利	yínglì	3	
576	营业部	yíngyèbù	11	
577	营业税	yíngyèshuì	4	
578	赢得	yíngdé	3	
579	应运而生	yìngyùnérshēng	12	
580	拥挤	yōngjǐ	3	
581	优点	yōudiǎn	4	
582	优势	yōushì	9	
583	优越	yōuyuè	7	
584	由衷	yóuzhōng	3	
585	又一	yòuyī	12	
586	幼儿园	yòuéryuán	2	
587	诱惑	yòuhuò	13	
588	于是	yúshì	12	
589	预测	yùcè	6	

（续表）

序号	生词	拼音	课别	字母
590	预计	yùjì	3	Y
591	预见	yùjiàn	8	
592	预算	yùsuàn	14	
593	预约	yùyuē	3	
594	原始股	yuánshǐgǔ	6	
595	原有	yuányǒu	12	
596	院校	yuànxiào	8	
597	孕育	yùnyù	14	
598	运输	yùnshū	14	
599	蕴藏	yùncáng	11	
600	再三	zàisān	1	Z
601	增长点	zēngzhǎngdiǎn	3	
602	增值税	zēngzhíshuì	4	
603	摘	zhāi	15	
604	展位	zhǎnwèi	8	
605	占据	zhànjù	14	
606	战略	zhànlüè	7	
607	掌声	zhǎngshēng	3	
608	掌握	zhǎngwò	7	
609	账号	zhànghào	12	
610	招聘	zhāopìn	7	
611	招商	zhāoshāng	9	
612	招收	zhāoshōu	15	
613	折价	zhéjià	10	
614	真心	zhēnxīn	9	
615	缜密	zhěnmì	3	
616	争相	zhēngxiāng	5	
617	整合	zhěnghé	12	
618	整体	zhěngtǐ	14	
619	证件	zhèngjiàn	13	
620	证券	zhèngquàn	11	
621	证书	zhèngshū	5	
622	政治	zhèngzhì	9	
623	只身	zhīshēn	7	
624	芝麻	zhīma	11	
625	知本家	zhīběnjiā	1	
626	执行官	zhíxíngguān	7	
627	执照	zhízhào	5	
628	职位	zhíwèi	7	
629	指导	zhǐdǎo	7	
630	志同道合	zhìtóngdàohé	12	
631	制品	zhìpǐn	6	
632	致力	zhìlì	8	

（续表）

序号	生词	拼音	课别	字母
633	智力	zhìlì	7	Z
634	中坚	zhōngjiān	7	
635	中介	zhōngjiè	4	
636	中文系	zhōngwénxì	2	
637	重兵	zhòngbīng	10	
638	周岁	zhōusuì	13	
639	周游	zhōuyóu	3	
640	诸多	zhūduō	12	
641	逐步	zhúbù	10	
642	主峰	zhǔfēng	6	
643	主管	zhǔguǎn	7	
644	主体	zhǔtǐ	8	
645	主张	zhǔzhāng	12	
646	注册	zhùcè	4	
647	注销	zhùxiāo	5	
648	祝贺	zhùhè	7	
649	专家	zhuānjiā	11	
650	专门	zhuānmén	15	
651	转口	zhuǎnkǒu	9	
652	赚钱	zhuànqián	6	
653	庄重	zhuāngzhòng	4	
654	装饰	zhuāngshì	10	
655	状态	zhuàngtài	12	
656	周折	zhóuzhé	13	
657	咨询	zīxún	2	
658	资本家	zīběnjiā	1	
659	子女	zǐnǚ	2	
660	自信	zìxìn	3	
661	自治区	zìzhìqū	8	
662	自主权	zìzhǔquán	4	
663	综合	zōnghé	8	
664	总	zǒng	2	
665	总部	zǒngbù	14	
666	总裁	zǒngcái	6	
667	租金	zūjīn	12	
668	组建	zǔjiàn	9	
669	祖国	zǔguó	1	
670	最初	zuìchū	10	
671	最优	zuìyōu	12	

附录2 Appendix 2 全书课文与会话专有名词表 Proper Names List of All Texts and Conversations

（续表）

序号	专有名词	拼音	课别	字母
1	阿里巴巴	Ālǐbābā	14	A
2	爱普生	Àipǔshēng	4	
3	百安居	Bǎiānjū	7	
4	百度	Bǎidù	14	
5	宝安国际机场	Bǎoān Guójì Jīchǎng	1	
6	北京	Běijīng	1	B
7	北京大学	Běijīng Dàxué	2	
8	比亚迪	Bǐyàdí	14	
9	博时基金公司	Bóshí Jījīn Gōngsī	3	
10	长城计算机	Chángchéng Jìsuànjī	14	
11	晨光牛奶	Chénguāng Niúnǎi	6	
12	楚云舒	Chǔ Yúnshū	1	C
13	创维	Chuàngwéi	14	
14	大疆创新	Dàjiāng Chuàngxīn	14	
15	大众点评	Dàzhòng Diǎnpíng	12	
16	迪肯斯	Díkěnsī	7	D
17	吊神山	Diàoshénshān	6	
18	饿了么	Èleme	12	E
19	冯必乐	Féng Bìlè	6	
20	福中三路	FúZhōng Sān Lù	4	F
21	富士施乐	Fùshì Shīlè	4	
22	高交会	Gāojiāohuì	8	
23	光明农场	Guāngmíng Nóngchǎng	6	
24	广东	Guǎngdōng	10	G
25	国务院	Guówùyuàn	11	
26	海珠区	Hǎizhū Qū	10	
27	汉语水平考试	Hànyǔ Shuǐpíng Kǎoshì	15	
28	华大基因	Huádà Jīyīn	14	
29	华尔街	Huá'ěr Jiē	3	H
30	华强	Huáqiáng	14	
31	华为	Huáwéi	8	
32	汇丰银行	Huìfēng Yínháng	5	
33	IBM		4	I
34	吉尼斯	Jínísī	3	
35	加拿大	Jiānádà	1	J
36	家乐福	Jiālèfú	5	
37	金蝶	Jīndié	14	
38	凯恩	Kǎi'ēn	6	
39	康柏	Kāngbǎi	4	K
40	康佳	Kāngjiā	14	
41	葵涌	Kuíchōng	8	
42	莲花山公园	Liánhuāshān Gōngyuán	2	
43	龙岗区	Lónggǎng Qū	8	L
44	龙井	Lóngjǐng	4	
45	马化腾	Mǎ Huàténg	14	
46	麦当劳	Màidāngláo	5	
47	茂业百货	Màoyè bǎihuò	2	M
48	美国友邦保险	Měiguó Yǒubāng Bǎoxiǎn	11	
49	美团	Měituán	12	
50	南景苑	Nánjǐngyuàn	2	
51	诺贝尔	Nuòbèi'ěr	8	N
52	平安保险	Píng'ān Bǎoxiǎn	11	P
53	前海自贸区	Qiánhǎi Zìmàoqū	8	Q
54	任正非	Rén Zhèngfēi	14	R
55	日通物流	Rìtōng Wùliú	9	
56	赛意法	Sàiyìfǎ	9	
57	山姆会员商店	Shānmǔ Huìyuán Shāngdiàn	10	
58	深圳大学	Shēnzhèn Dàxué	15	
59	深圳会展中心	Shēnzhèn Huìzhǎn Zhōngxīn	8	
60	深圳科技园	Shēnzhèn Kējìyuán	2	
61	深圳商旅网	Shēnzhèn Shānglǚwǎng	9	
62	深圳特区报	Shēnzhèn Tèqū Bào	5	
63	深圳湾公园	Shēnzhènwān Gōngyuán	12	
64	深圳招商网	Shēnzhèn Zhāoshāngwǎng	9	S
65	深圳证券交易所	Shēnzhèn Zhèngquàn Jiāoyìsuǒ	11	
66	深圳之窗	Shēnzhèn zhī Chuāng	9	
67	深圳中学	Shēnzhèn Zhōngxué	1	
68	双子星	Shuāngzǐxīng	3	
69	司法部	Sīfǎbù	13	
70	岁宝百货	Suìbǎo Bǎihuò	10	
71	索罗斯	Suǒluósī	3	
72	台湾	Táiwān	7	
73	太极拳	Tàijíquán	15	T
74	太平洋保险	Tàipíngyáng Bǎoxiǎn	11	

（续表）

序号	专有名词	拼音	课别	字母
75	腾讯	Téngxùn	14	T
76	天虹	Tiānhóng	10	
77	天问国际投资信息咨询公司	Tiānwèn Guójì Tóuzī Xìnxī Zīxún Gōngsī	1	
78	万佳	Wànjiā	10	W
79	万科	Wànkē	14	
80	王石	Wáng Shí	14	
81	维多利亚港	Wéiduōlìyà Gǎng	7	
82	沃尔玛	Wò'ěrmǎ	5	
83	梧桐山	Wútong Shan	2	
84	西门子	Xīménzǐ	6	X
85	先科	Xiānkē	8	
86	香港会展中心	Xiānggǎng Huìzhǎn Zhōngxīn	7	
87	香港特区	Xiānggǎng Tèqū	14	
88	香格里拉酒店	Xiānggélǐlā Jiǔdiàn	2	
89	杨语玫	Yáng Yǔméi	1	Y
90	银座	Yínzuò	10	
91	英菲利特	Yīngfēilìtè	9	
92	英国	Yīngguó	7	
93	招银大厦	Zhāoyín Dàshà	3	Z
94	珍稀植物园	Zhēnxī Zhíwùyuán	2	
95	芝加哥大学	Zhījiāgē Dàxué	1	
96	中国证监会	Zhōngguó Zhèngjiānhuì	11	
97	中兴	Zhōngxīng	8	
98	珠江	Zhūjiāng	10	
99	珠江三角洲	Zhūjiāng Sānjiǎozhōu	14